ポピュラーカルチャーからはじめるフィールドワーク

レポート・論文を書く人のために

圓田浩二
池田太臣 編

明石書店

序文

本書のねらい

現在、自分にとてもなじみのある文化や現象を卒業論文のテーマにしたい学生は多いと思われる。たとえば、アニメやマンガ、ゲームであったり、音楽ないしアイドルであったり、テーマパークであったり、SNSであったりと、普段からなじみのある対象をとりあげたいという欲求は、それほど特殊なものではない。とくに社会学のような対象の広い学問を専攻している学生であれば、当然の発想といえる。しかし、いざ〝研究〟となると、いったいどこから手をつけていいのか、どう調べていったらいいのかわからないという学生も多いのではないだろうか。

本書『ポピュラーカルチャーからはじめるフィールドワーク』は、ポピュラーカルチャーを研究のテーマにしたいのだけれども、どうしていいのかわからない学生たちに、その領域のフィールドワークを提案するものである。もちろん、いきなりフィールドワークと言われても、それもまた困惑しか生まない。

そこで本書では、各執筆者が自分の調査体験に即しながら、フィールドワークの具体的な方法を語るという内容になっている。つまり、ポピュラーカルチャーの調査を実践的な形で紹介するというものである。実例を紹介することで、フィールドワークの具体的なイメージをもってもらい、より容易に実行に移せるようになってもらうことが、本書のねらいである。したがって、通常の調査の教科書のように、模範的な手続きを説明したものではない。紹介されている調査のすべてが、理想的な調査の段取りにしたがって行われているわけでもない。ときには、苦い失敗が語られている場合もある。けれども、それを「失敗」とだけ受け取る必要もない。結局、ある程度の模範はあるけれども、臨機応変さと〝図太さ〟も必要だということがわかるだろう。

そのため、各章の内容は、3つの側面を持つ。ひとつは、社会調査の方法を具体的な調査のなかで、どのようなタイミングで、どのように使ったかを伝える調査手法の実例紹介の側面である。教育的な側面といってもいいだろう。2つ目は、各書き手たちがどのように問題を設定し、どのように問題を解いていったかという〝体験談〟の側面である。各書き手がその時々でどのように感じ、考え、次を展開していったのか。そして、どのような結論にたどり着いたのか。一種の〝謎解き〟の物語を読むような感じで楽しんでもらえればと思う。これは、読み物的な側面といっていいだろう。と同時に、調査すること・社会学的に考えていくこと自体の〝楽しさ〟〝おもしろさ〟も伝わると思う。だから、最後の側面は、〝調査の楽しさ〟や〝社会学的に考えることのおもしろさ〟を伝える側面である。これは、本書を手に取ってくれたみなさんの〝背中を押す〟という効果を期待してのことである。〝動機づけ〟の側面といえる。

ポピュラーカルチャーとは？

ところで、題名に〝ポピュラーカルチャー〟という言葉が入っているが、そもそもポピュラーカルチャーとは何なのだろうか。本書でいうポピュラーカルチャーの意味を説明しておきたい。

ある文化研究の教科書によれば、ポピュラーカルチャーには6つの定義があるという（Storey, John, 2021, *Cultural Theory and Popular Culture* (9th edition), Routledge）。ここでは、細かな議論には立ち入らず、本書の内容に関わる2つの意味を簡単に紹介しておこう。大衆文化という側面と民衆文化という側面である。

まずは「大衆文化（mass culture）」という意味である。大量生産され大量消費される文化である。本書でもとりあげられるマンガやアニメ、ゲーム、アイドルなどもここに入る。一般に日本において〝ポピュラーカルチャー〟ないし〝ポピュラー文化〟とは、この意味ではないかと思われる。大量生産のために定型化した生産物を、多くの人びとがある程度無批判に、受動的に消費するイメージである。

次は「民衆」に由来する文化という定義である。「民衆文化（folk culture）」と呼んでもいいだろう。これは大衆文化の概念と対立する。というのも、大衆文化は文化を作りだす産業（＝文化産業）やメディアの力によって、「民衆」に「押しつけられた」ものだからである。対して、こちらの民衆文化は、自分たちのために自らつくり上げてきた「本当の」民衆の文化という意味合いがある。

しかし実際のところ、大衆文化と民衆文化をはっきりと分けることは難しい。**第7話**でとりあげられている「盆踊り」などは、民衆文化の典型といえるように思われる。しかし、そう話は単純ではない。詳しくはこの章を読んでほしいが、近代に「発明」された「盆踊り」と、近・現代に登場する産業化された「大衆文化」との距離はさほど遠くはない。また、大量生産・大量消費の「大衆文化」のほうも、単純に〝押しつけられた〟ものとはいえない。**第2話・第3話・第4話**に示されるように、受け取る側からつくり上げられる〝独自の文化〟という側面がはっきりとある。

つまり、現代にあっては、「大衆文化」や「民衆文化」、「伝統文化」や「近・現代の文化」といった枠組みで特定の文化を語ることは難しくなっているのである。むしろ、そのような決めつけこそが問題となる。であれば、いっそのこと〝ポピュラーカルチャー〟という言葉で、すべてを包括した言い方のほうが現状に合っているといえる。あとは、それぞれを詳細に見ていけばよい。本書が〝ポピュラーカルチャー〟という言葉を使う意味は、そこにある。それはまた、今ポピュラーカルチャーをあらためて問いなおし、研究する意義を示しているといえよう。

各章の読みどころ

本書に収められた各章の内容は、基本的には各研究者の体験談の側面が強い。そのため「第1章、第2章……」ではなく、「第1話、第2話……」と表現されている。すべてが独立しており、どの話から読んでもらってもまったく問題ない。自分の関心のある話から読んでほしい。ただそれだけでは選べない人のために、私のほうから、各話のちょっとした読みどころを紹介しておきたい。

第1話は、「祭り」のフィールドワークである。フィールドワークを含めた研究の手続きがわかりやすく述べられており、最初にどの章を読むか悩む学生は、本章から読むとよいだろう。

調査者である野中亮が、ある祭りを「つまらない」と感じたところから調査が始まる。つまり、「つまらなさ」のフィールドワークである。調査の過程で、「つまらない」と感じる原因が明らかになっていく。と同時に、「おもしろさ」にも気づいていく。それは、現場を歩き回ることでしか見出せない。フィールドワークの大切さが理解できる章である。

第2話は、「マンガ・アニメ」が題材である。日本国内でなく、「海外での受容」がテーマである。秦美香子は、アンケート調査やインタビュー調査を駆使して、そのテーマに迫っていく。実際のウェブアンケートの調査項目が説明されており、「海外での受容」をテーマとするならば手がかりになるだろう。また、インタビュー結果の分析の仕方が詳しく説明されていて、その点も大いに参考になる。秦が最後に語りかける〝一度で完璧な調査を行わなければならない、とプレッシャーに感じずに、間違えてしまったら修正すればいい〟という言葉に、とても勇気づけられる。その言葉に至るまでの、秦の奮闘に注目である。

第3話は、「スマホゲーム」を題材にフィールドワークをする話である。スマートフォン向けのゲームアプリ「ポケモンGO」のプレイヤーの調査である。圓田浩二は、自分も「ポケモンGO」をプレイする中で、〝これまでのゲームとは違うことを感じてきた〟という。出発点は、その自分の感覚である。たかがゲームと侮るなかれ。フィールドワークと社会学的な「現実」のとらえ方から見えてきたことは、「現実／虚構」という二元論を乗り越え、そこから生まれる社会の可能性である。「ゲーム」の社会的な影響を考えたい人におすすめの章である。

第4話は、「アイドルファン」のフィールドワークである。具体的には、台湾のジャニーズファンが対象である。ファンの調査の進め方、研究結果の整理の仕方などがかなり具体的に述べられており、非常に参考になるだろう。また、調査者である陳怡禎もジャニーズファンであるため、当事者という立場のメリットとデメリットも述べられている。調査のなかで見えてきたキーワードは「可愛い」である。文脈によって違いを見せる「可愛い」の意味に注目することで、ファンの行動が読み解かれる。ファン研究のおもしろさが感じられる章である。

第5話は、「鉄道愛好家」へのインタビュー調査を主題とした話である。自分自身も鉄道愛好家である塩見翔は、調査において体験したある種の〝ズレ〟の感覚をとりあげる。そして、それに対する塩見自身のとまどい、結果的に見えてきたものについて語る。相手の語りを読み解くことは容易ではない。ときに失敗もあるだろう。しかしそれを失敗ととらえずに、その原因について粘り強く考えることが大切なのである。インタビュー調査を考えている読者には、ぜひとも読んでもらいたい章である。

第6話は、「京町家」のフィールドワークである。調査者の丹羽結花は、京町家の保全・活用に関わる市民団体に参加し、活動している。本章は、その体験を生かしたフィールドワークの紹介である。話は「京町家カフェに行ってみた」というありがちな体験から始まる。その後調査を続けていくなかで、〝京町家が残されてきた経緯〟や〝京町家への地域のこだわり〟などが見えてくる。その展開が興味深い。ボランティア団体や地域団体と関わっていく際の注意点なども述べられており、同じような立場での調査を考えている場合、大いに参考になるだろう。

第7話は「伝統文化」、具体的には「盆踊り」が題材である。特定の地域に根差し比較的に長い歴史を持つ文化を対象にする場合のフィールドワークの説明である。調査者である足立重和は、「伝統の再創造」という社会学的な見方から、「近代の発明としての盆踊り」の歴史を読み解いていく。そこで展開される分析は、見事としか言いようがない。社会学的な「伝統文化」の読み解き方の醍醐味が存分に味わえる章である。「伝統文化」の研究を志すならば、必読の章といっても過言ではないだろう。

ふたたび〝つながりのなかへ〟

以上が各章の読みどころの紹介である。最後になったが、本書は〝フィールドワーク〟を推奨する本でもある。フィールドワークの重要性については、もう一人の編者である圓田による「あとがき」を参照していただきたい。そちらには、「調査倫理」や「コロナ禍でのフィールドワーク」の状況についても説明されている。

文化とはそれ自体が持つ意味によってのみ、消費されるわけではない。それをある程度前提にしつつも、そこに関わる人たちが、マクロには社会的な背景のもとに、ミクロには自分たちの文脈に引きつけた時に生じてくる「意味」によって消費されていくのである。つまり、社会学の文化研究は、対象となるシンボルや文化的アイテムを「文脈」あるいは「つながり」のなかに置いて考える行為にほかならない。それは、「これまで」を前提にしつつも、「今」に規定され、「これから」を志向することで、いくらでも変わっていくのである。だから、私たちは「これは所詮商品だから」とか「これは伝統的文化だろう」とかといった決めつけから距離をとる必要がある。そのためには、つねに、その時々の「つながり」のなかで解釈していくことが必要となってくるのである。フィールドワークは、そのためのとても大切な手法のひとつといえる。

ここしばらくのコロナ禍で、社会学研究自体もフィールドとの「つながり」が弱まったと思われる。今、ふたたび〝つながりのなかへ〟。本書が、そのきっかけとなることを願っている。

2022年9月

編者　池田 太臣

ポピュラーカルチャーからはじめるフィールドワーク

レポート・論文を書く人のために

目次

第1話

「祭り」のフィールドワーク——博多どんたく港まつり

野中　亮

1　はじめに

(1)　研究対象とテーマ

学生が用意してくる卒業論文のテーマにありがちなのは、それらしい単語を並べてみました、というパターンである。地域社会学のゼミだと、「コミュニティ」「まちおこし」「経済効果」「絆」といったどこかで聞きかじったような単語の羅列であることが多い。こうしたテーマの作り方はたいてい失敗するのだが、それは、単語だけでなく問題意識そのものが「パクり」であることが最大の原因だ。地方の疲弊＝まちおこし、まちおこし＝観光やイベントの活性化で経済効果を生み出す、祭り＝地域の絆の創出と維持、といった、いわば世間に流通している「紋切り型」言説がベースとなってしまっており、これらが実は問いと答えのセットになっていることにさえ気づいていない場合が多い。

しかしながら、紋切り型の言説をテーマ設定の入り口とすることは可能である。テーマ作成のコツのひとつは、「……と言われているが本当だろうか？」「……という話はよく聞くが、◯◯のケースに当てはまるのだろうか」といった形で、どこかの誰かが作った問いと答えのセットに「ツッコミ」を入れてみることである。もちろん、ツッコミの対象を紋切り型言説に限定する必要はない。先行研究という形で存在している専門家の議論などに検討を加えるようになれば、それはもう卒論作成に実質的に踏み込んだ作業といえる。つまり、先にテーマを完全に固定してから調べ物をするというより、調べ物をしながらテーマを練り上げていく、という考え方が必要なのである。

そういう意味では、テーマよりも研究対象を先に検討するほうが生産的かもしれない。自分が興味を持っていて、なおかつそれなりに人よりは知識があるような対象を卒論で取り上げるという形である。テーマと対象はどう違うのか、という疑問を抱く人もいるだろうが、対象とはマンガやアニメ、祭礼など研究対象である事象そのものを指し、テーマとはそれらを若者文化論や地域社会論の観点から分析する、といったイメージでいいだろう。後者の視点や分析方法はゼミで指導してもらえばいいが、前者の対象の選定だけは自分で決めたほうが良い。なによりモチベーションに深く関わる部分である。興味のない事柄を1年かけて調べ上げ、分析を加えていくというのは、思った以上の苦行であることは覚えておいてほしい。

（2）「博多どんたく港まつり」の問い

この章では都市祭礼研究の例として、福岡県福岡市の「博多どんたく港まつり」(以下、どんたく)の調査を取り上げる。この祭りを選んだのは、第1に「つまらないイベントであること」、第2に「地元のイベントであること」、第3に「資料はあるが研究は少ないこと」である。

第1の理由をもう少し詳しくすると、なぜこんなつまらないイベントに毎年200万人もの観光客が集まり、長期にわたって継続しているのだろうか、という疑問である。どんたくは例年5月の連休時期に開催され、伝統行事である「博多松囃子」(以下、松囃子)に一般市民のパレードが付随するイベント色のかなり強い行事である。先頭の松囃子はともかく、その後のパレードは警察や自衛隊をはじめとした吹奏楽隊や地元高校のバトン部、地元企業の踊り隊、海外の観光誘致隊、九州を中心とした各地の伝統芸能の宣伝隊と、よく言えば多様性があるということになるのであろうが、雑多な行列が延々福岡市内を行進するというパレード行事が中心となっている。また、市内各所に演舞台と呼ばれるステージが設けられ、ご当地アイドルやダンススクールの子どもたちが踊っているかと思えば地元のおじいさんがカラオケを歌っていたりと、こちらもパレードに負けず劣らずとりとめのないステージ構成である。主観に過ぎた言い方であるのは承知のうえで、あくまで見物人という立場からではあるが、でもやはり「つまらない」のである。

筆者は元々、続いていく祭りと無くなってしまう祭りにはどのような違いがあるのだろうか、という素朴な疑問から祭礼研究を開始した。基本的には、重厚な歴史や格式、伝統美を感じさせる祭礼か、現代的な娯楽の要素できっちり構成されたイベントの継続性が高い。つまり、この観点からすれば無くなってしまってもおかしくないと思えるどんたくが継続していること、それ自体が興味深いのである。テーマを設定するにあたって、「いい話」「立派そうな話」を意識する必要はない。自分が引っかかりを感じたことを素直にテーマ化すべきである。

第2・第3の理由は、学問的な理由というより研究のしやすさの観点に立った理由である。フィールドワークを用いる研究の場合、アクセスの問題は重要である。学生が研究を行う場合には交通費も無視できない。また、参照できる先行研究が少ないという点はたしかにデメリットではあるが、自分の研究のオリジナリティを高めてくれる要素ともなりえる。もちろん、資料が少ないと研究は頓挫してしまう。だが幸いなことに福岡は古くから九州最大の都市であるため、どんたくに関しても地元紙や郷土史研究などの文献は充実しており、卒論程度であれば資料には事欠かない。データはそれなりにあるが先行研究が少ないというのは、卒論作成にあたってメリットも十分あると言えるのである。

2　フィールド調査の準備

(1) 文献の探し方・使い方

とりあえず研究対象は決まった。では最初に手を付けるべき作業は何だろうか。論文や専門書を探して読むのが理想的ではあるが、たいていの場合、モチベーションの低下につながるのが関の山だろう。なぜなら論文や専門書を読み解くためにはある程度の専門的な知識が必要となる。ここは無理をせず、研究対象についてはネットや新書などを用いて基本的な事項を確認し、研究テーマについては教科書や入門書を参照して社会学的なテーマの立て方を学ぶのが一番の早道である。また、たいていの教科書ではテーマ設定の仕方だけでなく調査や分析の方法もまとめてあるので、そうした部分もしっかりメモを取りながら読み進めていこう。テーマや方法の多様性を知るためにも、1冊を熟読するより数冊読み流したほうが効率的だろう。

筆者は福岡出身ではなく、地元の人間として長くどんたくに接してきたわけではない。福岡に住むこととなり、せっかくなので福岡の祭りをひととおり見ておこうかという軽い気持ちで見物に赴き、あまりのつまらなさに驚いた結果、少し調べてみようと思い立ったという経緯がある。つまり、どんたくに関してはまったくの素人である。その際、まず確認したのが公式ホームページとWikipedia《ウィキペディア》である。大学によってはWikipediaを使うことを推奨しないところもあると聞くが、使えるものはなんでも使ったほうがいい。ただし、使い方には強い条件が付いていることは承知しておいてもらいたい。Wikipediaに限らず、ネットの情報を使う場合に厳守してほしいのは、①執筆者もしくは出典が明記されていない情報は参照に留め、引用などには用いない、②出典がある場合は必ず元の文献から引用する（「孫引き」の禁止）、③ネット情報はあくまで導入部であり、そこからデータを探していくための作業であることを忘れない、この3点である。どんたくという研究テーマに即して言えば、公式ホームページは①の条件である文章の責任主体（福岡市民の祭り振興会）が明確であるので、参照だけでなく引用できる部分が多い。しかし、Wikipediaについてはその条件が満たされないので、あくまで参照のみとなる。どうしても引用等に使いたい場合は、ページ末に挙げてある参考文献を確認し、そこから引用しなければならない。筆者の場合もWikipediaは概要把握と参考文献探しのスタートとして利用することがほとんどである。

文献の探し方には主に2種類があることも覚えておこう。1つはネットを使って検索する方法、もう1つは参考文献から芋づる式に文献にあたっていく方法である。卒論やレポート作成に関して言えば、後者をおすすめする。どんな内容であるのかがあらかじめわかるし、なにより、先行研究を行っている人々が有意義な資料をすでにセレクションしてくれているわけであるから、ハズレが少ない。逆に一見お手軽なキーワード検索は、ある程度研究対象や先行研究の内容を知っていないと適切な検索語を選ぶことができないうえ、出てきた文献が信用できるのかも判断がつかない。使える文献をヒットさせるのは実はかなり難しいのである。

(2) 調査計画とテーマの深化

さて、こうしてネットで見つけた記事やホームページ、そこで紹介されている郷土史関連の本などを読んでみると、以下のことがわかってきた。

・明治時代以前から存在している「松囃子」という伝統行事を核に、明治時代以降さまざまな要素が付け加わり、特に戦後に巨大化・イベント化してきたこと
・福岡市では博多祇園山笠と並び称される規模の伝統行事であるが、運営組織（伝統的地域組織／行政主導）、参加者層（地域単位／企業や学校等の団体単位、男祭り／女祭り）、イベント内容（「山」を担ぐ／踊りやパレード）など、対照的な関係にあること
・博多祇園山笠と同じく伝統的地域組織である「流（ながれ）」が運営上重要な役割をになっ

ている こと
・パレード等の参加者は企業や学校、各種団体などを単位としており、市民に広く開放された祭りであること
・パレード等に参加しなくとも、多くの地元企業が松囃子行事に事実上協賛していること
・行政や商工会が運営主体であるため、観光資源としての側面が強く意識されていること

どんたくの概要がわかってきたところで、初めて調査計画を立てることができる。その際に重要なのは、まず自分がどの部分をより詳細に調べるのかを決定すること、それに合わせてさらに文献を探してフォローすべき事項と、インタビューや現地観察でしか情報を得られない事項に調査項目を大別することである。筆者の場合、元々は博多祇園山笠の調査を行うことを考えていたため、山笠との比較、特に運営に関わる人や組織のネットワークの特徴を最初の切り口とすることにした。祭礼組織などの特殊な地域組織を通じて地域研究を行うのは、社会学的な祭礼・イベント調査では比較的オーソドックスな視点である。もちろん、パレード等の一般参加者の意識や、協賛している企業などを調査対象とすることも可能だ。ここで重要なのは、「どんたく」という研究対象への自分の興味をさらに具体化し、「どんたくの運営組織」「どんたく参加市民の意識」「どんたく協賛企業の協賛方針」といった、より詳細なものへと掘り下

げていくことである。ここまでくれば卒論テーマの完成まであと一歩である。さらに研究を進めていく過程で、これに「地域社会学の観点から」「余暇行動論の観点から」「組織論の観点から」分析する、といった一言が加わればほぼテーマは完成する。先に述べた、調べ物をしながら研究テーマを練り上げていく、というのはこういう作業を指しているのである。

(3) どんたく調査計画

どんたくの調査にあたって当初立てた調査項目は、運営組織(現在の運営組織の構成)、参加団体(パレード・演舞台の参加者やそのサポート団体)、歴史(どんたく史の概要、運営組織の変遷)、当日の様子の4項目であった。祭礼やイベントの調査では、開催当日の様子を観察するフィールドワークの日程がまず固定される。当然のことではあるが、この点を考慮して全体の調査計画を組まざるをえないので、卒論などの場合は特に注意が必要である。まず年に1回しかない行事は調査のやり直しがきかないので、十分な準備をして調査に臨む必要がある。しかしながら、どんたくのように5月に開催される行事だと十分な準備期間がとれない可能性も高い。できるだけ早期に準備を開始するのはもちろんだが、当日のフィールドワークに依存しすぎないテーマ設定にしておくことも重要である。運営組織や参加者の意識といったテーマであれば、行事当日の様子は参考程度のデータとなるので、調査に少々問題があっても研究が行き詰まることはない。逆に行事の日程が遅すぎても問題だ。卒論の締切に間に合わないような時期であれば、関係者へのインタビュー等を中心に調査計画を組み、当日のフィールドワークの重要性を低くしておく等の工夫も必要となる。また、インタビューは相手があることであるから、こちらの都合で何度も設定することが難しい。イベント後に設定するほうが良いだろう。少しでも情報を多く持っている状態で要領よく話を聞くためである。

当日の観察については、イベントのメインであるパレードを中心に主要なルートを確認、沿道の様子を含めて記録することを第1の課題とし、第2にパレード後の松囃子行列、次に市内各所にある演舞台を可能なかぎり回って出し物や出演者、観客の様子を調べることにした。当然、事前にどこで何が行われているのかを調べておく必要がある。近年では、公式ホームページのほか、主催者がTwitterやFacebook等のＳＮＳで準備状況などとともに情報公開していることが多い。

インタビューについては、見物客の声などを拾う必要がなければ、無理にイベント当日に行う必要はない。関係者はそれどころではないのであるから事後に行うほうが無難である。準備状況などを見ておきたい場合はかなり早期に調査を開始し、関係者らに承諾を得ておく必要がある。一参加者になって調査する参与観察調査を行うという手もある。準備から後始末までを内部から観察できるというメリットがあるため、テーマによっては有効な方法である。

(4) インタビューは下調べが大事

インタビューを行うにあたって重要なのは、徹底した下調べである。フィールドワークというと、現場で即興的にファーストハンドのデータを採取してくるイメージが強いのかもしれないが、実際には事前に調べてきたことの確認作業がほとんどであるし、そうでなければならない。文献や資料で調べられることはすべて先に調べておく。なぜならインタビューの場合、これをやっておかないと質問ができないからである。何でも聞いて下さい、と言われて言葉に詰まるようではインタビューはうまくいかない。基本的に、インタビューの質問は、「自分が調べたところでは○○とのことでしたが、実際そうなのでしょうか／以前はどうだったのでしょうか／なぜそうしているのでしょうか」という形で用意すべきである。「こういう話が出たらしっかり聞いておこう」という心構えができていない状態で大量の情報を耳から入れても何も残らない。せっかくのインタビューの中で何が大事なのかがわからないし、メモすべきことがどれなのかもわからないということになりがちである。

どんたく調査を開始した際には、先に説明したような「芋づる式」で見つけた文献のほか、

「どんたく」で検索した本や論文、明治時代以降の雑誌・新聞記事、行政資料の読み込みを行った。実際には、卒論程度ならフィールドワークなどしなくとも、これだけで十分作成可能である。しかし、こうした準備をしていると、これだけはどうしても現場で見てみないとわからない、関係者に確かめてみなければならない、という事項が出てくるものである。こうなって初めてフィールドワークに行く準備ができたと言っていいだろう。

3　フィールドワークの実施

(1)　博多どんたく港まつりの概要

博多どんたく港まつりは博多松囃子という伝統行事を核に、近代以降さまざまなイベントが追加されてきたイベントである。パレードの先頭を飾るこの博多松囃子の起源には諸説あるが、古くは室町時代にさかのぼるともされている（井上 1984、波多江 1970）。江戸～明治維新期には年賀行事として定着しており、町衆が福岡城主を表敬訪問した後、神社仏閣や有力者宅を祝賀してまわった。松囃子行列は、三福神と称される福神（福禄寿）・恵比須（男恵比須・女恵比須）・大黒に扮した神役を中心とする3つの団体と舞を舞う児（稚児）の計4つの団体によって構成され

図1–1　松囃子行列

出所：筆者撮影。

ている。三福神にはそれぞれ傘鉾と「言い立て」と称される謡曲を担当する子どもたち、それらを補佐する大人が付き従い、1つのグループを形成している。幟を掲げた言い立て役の子どもたちと大きな傘のような形をした傘鉾が先頭に立ち、地域の顔役たちとともに騎馬して面をかぶった神役が続く（図1－1）。行列は要所要所で立ち止まって神役を中心に祝賀儀礼を行うが、その間、無病息災の御利益があるとされるため多くの見物人たちが傘鉾の下をくぐらせてもらうという風習もある。

この三福神と兒を担当するのは、「流（ながれ）」と呼ばれる伝統的地域組織である。豊臣秀吉によって命じられた「太閤町割り」とも称される区画整理事業が元となっており、町を統括する区画単位である。現在では行政単位としての意味合いは薄れ、地図上でも正式な地名として記載されることはない。しかし、松囃子と博多祇園山笠という博多を代表する伝統行事の運営単位であり、そこに居住する人々にとって日常生活のさまざまな局面で意識される地域割りであることに違いはない。「コミュニティ」とは何か、という問題を考える際には無視できない要素である。

（2）博多松囃子

当日はこの松囃子を先頭に始まるパレードの様子と演舞台の様子を記録すること、松囃子が福岡市内各所を回る様子を記録し、可能であれば関係者の話を聞くことを主眼とした。パレードの後、三福神と兒は市内各所の商業施設等を巡って祝賀や稚児舞いを行い、祝われた側は「一束一本」と呼ばれる杉原紙一束と白扇一本の返礼品および祝儀を渡し、酒肴でもてなす（図1－2）。伝統行事としての側面が色濃く出る場面である。写真に収めるだけでなく、関係者の話もここで聞くのは、別日の正式なインタビューでは得られない話を聞くことができる可能性があるからである。特に関係者から聞きたかったのは、祝儀の使途である。伝統的祭礼の運営を調べる際、重要ではあるが情報が得にくいのがお金の流れである。行列到着に先行して立ち寄り先と打ち合わせをしていた連絡役の男性は、振る舞い酒でやや上機嫌な様子であったが、一休みしておられたので声をかけてみた。今日立ち寄る予定になっている場所が何か所あるのか、毎年同じところに立ち寄るのかといった質問の後で祝儀の件について聞いてみたところ、あっさり話を聞くことができた。詳細は省くが、

図1–2　恵比須神の祝賀

出所：筆者撮影。

例年の祝儀の総額やその使途までが明確になり、また、こちらの仮説を補強できる話も聞くことができた。松囃子の祝儀が7月に行われる博多祇園山笠の準備にも役立っているというのである。下調べの段階で、さまざまな面で対照的な松囃子と博多祇園山笠が運営上は表裏一体の関係にあるのではないかという仮説を立てていた筆者にとっては貴重な情報であった。

一方で、松囃子をもてなす側の話はこれもある程度予想していたことではあるが、昨今の企業側の風潮である「伝統行事等に積極的に参加することで企業イメージの低下を防ぐ」という側面が垣間見える話もいくつか聞けた。また、古くからの地場資本の企業とそうでない企業との間にどんたく・松囃子に対する温度差がうかがえたため、行事後に行ったインタビューでもこの点を確認した。デリケートな問題であるので明言する向きは少なかったが、特に伝統行事である松囃子と観光振興色の強いパレードや演舞台に対する評価が二分・逆転している様子もうかがえた。

このように、観察やインタビューの過程で新たな論点が見つかり、次の調査が連鎖的に必要になっていくのがフィールドワークのおもしろくも大変なところである。特にインタビューでは、調べた時には重要でないと思った話、調べたものとは異なる話、思いつきもしなかった話題などが出てくる。まず前二者はしっかりメモして、改めて質問しなおしたり資料で確認したりすべきことである。最後の「思いつきもしなかった話題」は特に重要である。思いつきもしなかったのは調べても出てこない事項であったからだが、逆に下調べのおかげでその話題が「資料からはわからない貴重な事実」であることがわかるのである。

インタビューの後、その内容を整理し、再度資料で確認し、それでもたいていはさらに疑問が残る。新しいことがわかるたびに、ではこれは、あれはどうなっているのだ？という疑問が連鎖してわき上がってくる。こうなってくれば調査が軌道に乗り出したと考えていい。むしろ、1回であっさり終わるようなインタビューは、こちらの準備が甘くて表層的な話しか聞けていないおそれがある。

(3)「つまらなさ」のフィールドワーク

松囃子の後に続くパレードや演舞台については、筆者がなぜ「つまらない」という第一印象を抱いたのか、自己分析する観点から観察を行った。毎年200万人もの観客を集めるイベントであるから、何らかの魅力を見落としている可能性は十分ある。一方で「つまらない」と感じる原因があったことは確かであり、それを明確にしなければならない。観客の様子を漠然と見るだけでなく、何を話しているのか、誰と来ているのか、どう移動しているのか、よく観察してみると、さまざまなことが見えてくる。まず最初に気づいたのは、パレードの沿道や舞台

図1–3　本舞台

出所：筆者撮影。

図1–4　市内各地の小舞台

出所：筆者撮影。

近辺の観客の年齢層がやや高いことである（図1－3、図1－4）。また、見物人もその大半が地元もしくは九州近辺の人々であることがその話しぶりから察せられる。一方、出店が集中しているエリアや天神繁華街など平日も若い人が多いエリアでは若者もそれなりに見受けられた。歌や踊りといった催し物が行われている演舞台の観客は、演目が変わるたびに一部が入れ替わっている。おそらく出演者の家族や知人なのであろう、特に子どもが出演している際にはスマホを高くかざしている大人も多く、舞台が終わればごっそりと移動していく。

こうした状況を見ていると、「つまらない」と感じた要因の1つが、演目にも出演者にも統一性がなく、また出し物の完成度もまちまちであることだとわかってきた。他の祭礼を比較対照にするとわかりやすいかもしれない。高知市のよさこい祭りは、メインステージのほか、市街地に複数の演舞場が設けられ、子どもから高齢者までが団体単位で参加できるという点でどんたくとよく似たシステムになっている。演者のレベルで言えば、踊ることを目的に結成され、衣装や音楽まできっちり揃えたハイレベルなチームが出演する一方、各種団体をベースとした参加団体のなかには衣装すら揃っていないようなチームもあり、こちらもレベルはバラバラである。ただ、上手下手はともかく全団体がよさこい踊りを行うという統一性があり、また、コンテスト形式を採用することで一部の団体のレベルを引き上げ、トップエンドの団体のみが踊ることができるメインステージを設ける等の工夫がなされている。筆者はまだ予備調査しか行っていないが、市民に開放されていると同時に、よさこいという軸でイベント全体がひとつのエンターテインメントとして緻密に構成されていると思われるのである。

どんたくの場合、一般市民に広く参加の機会が設けられているという点では同じだが、そこで提供されるものに統一性がなく、また統一性がないゆえに質の競争も起きにくい形になっているのである。パレードについては一応コンテスト形式も導入されているものの、内容がバラバラであるので賞などの評価が参加者にとってそれほど重んじられているわけでもない。この「雑多な」「ゆるい」感じがつまらないと感じた理由の1つであることは間違いない。

しかしながら、会場を歩き回っているうちに、一種の開放感や気楽さといった爽快さを感じるようになってきたのも事実である。統一感のない雑然とした出し物も、事前に演目を調べたりせずに演舞台を回っていれば、次に何が出てくるのかとちょっとしたワクワク感が味わえる。やたら立派なカメラやビデオが多いなあと思えばご当地アイドルが踊っているし、拙いがかわいらしい子どもたちの出し物に拍手を惜しまない大人たちの姿もなんだか微笑ましい。特にこれといった中心的イベントがあるわけではない夜市や学芸会のような、ちょっと懐かしい雑然とした賑やかさのようなものを感じることができるのである。

こうした魅力は、やはり現場を歩き回ることでしか見出せないポイントであろう。もちろん、この「雑然とした賑やかな感じ」が何であるのか、正体を確かめる必要がある。後で考察を深めるためにも、フィールドワークの時点ではこの「感じ」を可能な限り詳細に記録しておかなければならない。

(4) 事後のインタビュー

現地でのフィールドワークの後、すぐに運営団体と関連企業等のインタビューの準備を行った。「福岡市民の祭り振興会」はコアとなる組織は意外なほど小規模で、福岡市商工会がハブとなり、地場の大企業と連携する形となっていた。運営上のさまざまな話が聞けたが、ここで気になったのはどんたくに何らかの形で関与している企業の多さである。イベント全体の後援はもちろん、参加団体として社員チームが出場していたり、ビジネスとして参加団体に協力していたりとさまざまな形で団体や企業がネットワークを形成しており、その全体像は振興会でも把握できていない状況であった。そこで大手参加企業とそのサポート企業を紹介してもらい、次のインタビューを行った。この企業は九州で最大手のインフラ関連企業であり、どんたくへの参加に関しては業界大手の広告代理店に演出を依頼していた。この両者へのインタビューでは、特に戦後、さまざまな市民イベントを集約しつつ現在の博多どんたく港まつりができあがった過程で参加企業が果たした役割が明らかになった。また、この広告代理店はどんたくだけでなく全国の祭礼・イベントの演出や企画をビジネスとして展開しており、そのコンテンツや運営システムが個々の祭礼やイベントに流用されていることも明らかになった。今回の調査テーマからははみ出してしまうが、全国の伝統的祭礼や大規模イベントのある種の標準化・均一化の要因の1つと見なせる事項である。

4 おわりに

(1) 資料整理の注意点

どんたくの運営組織を通じてさまざまな組織がどのようなネットワークを構築しているのかという初期のテーマ設定に加え、フィールドで実感したどんたくの魅力の再評価というサブテーマを突き合わせつつ、再度資料類の読み返しを行った。

データ整理の際に気をつけなければならないのは、インタビュー等のフィールドで得たデータは可能な限り資料類で裏付けを取ること、内容に齟齬がある場合には情報提供者に確認したうえで修正を行うことである。どんたくの場合、郷土史関連の文献は比較的豊富であるが、特に戦前については公立図書館で地元紙のマイクロフィルムを用いて内容を確認、その時代背景の把握にも気を配った。また、伝統行事である松囃子・どんたく行列が現在のような市民イベントに変化していった経緯はかなり複雑であり、特に戦後期にはイベントが大幅に変化している。そのため、インタビューで得られる記憶だよりの情報だけでは細かい部分が曖昧になりがちである。いつどこでだれがといった事実関係についてはインタビューデータのみに頼りすぎると危険であることを覚えておこう。

(2) 結　論

最後にこの調査でわかってきたことをまとめておこう。まず運営組織の特徴である。博多祇園山笠が伝統的な運営組織を中心に運営され、行政などの近代的組織はサポート役になっているのに対し、どんたくはより二重構造の色合いが濃くなっている。松囃子は山笠と同じく

「流」を中心とした伝統的な運営組織が中心であるものの、パレードや演舞台を含めたイベント全体は行政・企業・各種団体のネットワークによって運営されており、松囃子運営はこの中に内包される形になっているのである。

この二重構造は、山笠に見られるような伝統的地域組織と行政に代表される近代的組織の連携のスムーズ化という機能をもっている。山笠が伝統的組織と近代的組織の相互連携というシンプルな構成となっているのに対して、どんたくは伝統的組織が松囃子運営に関して独立性を保ちつつも、祭り全体を運営する近代的で大規模な組織連携ネットワークの一部に組み込まれる形となっている。どんたくで構築された伝統的組織と近代的組織の段階的で巨大なネットワークは、山笠において伝統的祭礼組織「流」が独立性の高さを維持しつつも近代的な諸組織と連携する際の下地ともなっているのである。伝統的組織を行政がサポートするのは全国的に見られる構図であるが、特定の祭礼だけでなく地域のさまざまな伝統行事の総体を見ることで、伝統的組織と近代的組織という単純な二元化を回避することが可能となる。

また、資料を読んでいるうちにわかってきたことは、どんたくが戦前の「招魂祭」の遺伝子をかなり色濃く残していることである。招魂祭は、戦前の国家神道体制下で行われていた祭りであり、戦後はGHQによって禁止された。しかし、戦後全国に広まった「市民の祭り」が、戦前の招魂祭を模している部分があることはよく知られている（芦田 2001）。なかには、高知のよさこい祭りのように現代的な娯楽要素を強化しつつイベント全体を洗練させていくことで多くの観光客を集めるようになり、地域振興の成功モデルとして扱われるようになっていったものもある。ところがどんたくの場合、こうしたモデルに合致しない部分が多い。戦前の雑然とした招魂祭の様子を色濃く残したままなのである。

明治維新直後は山笠も松囃子も混乱状態にあったが、その後山笠が比較的昔ながらの体制を維持したのに対して、松囃子はかなり早期から各種イベントとのハイブリッド化が進んでいた。つまり、どんたくは、戦後急速に近代的組織との共存を強いられるようになった伝統的祭礼とも、伝統的祭礼や行事とは無縁に始まった「市民の祭り」とも異なるプロセスを経ており、それが組織運営や現在のイベント内容に大きな影響を与えているのである。一見「つまらない」ように見えたのは、この前時代的な雰囲気が、現代的に洗練された祭りに慣れすぎた筆者には違和感として察知されたからだろう。フィールドでの直感もあなどれない、という一例だと言うと手前味噌すぎるのかもしれないが。

ワンポイントアドバイス

【「不審者」に注意!】

自分がどこの誰で、何を目的にここで何をしようとしているのか、端的に説明できなければならない。子どもの写真等を撮影する場合には特に注意しよう。

【調査にはお金がかかる】

交通費のほか、現地での資料入手やコピーなど何かとお金がかかる。ある程度の出費は覚悟したうえでフィールドへ。

【三種の神器＋α】

どこに行くにも、筆記具、スマホ（兼カメラ・ヴォイスレコーダー・地図）、お金が必須。また、暑い時期には日焼け対策・熱中症対策、寒い時期には防寒と、服装には細心の注意が必要。

【撮影ポイント】

学生は観客・消費者目線で被写体を捉えがちで、出し物や演者の写真ばかり撮りがち。観客も含め「その場全体の様子」がわかる記録写真を撮影しておくことを忘れずに。

【断るべきは断ろう】

仲間に入らないか、インターンシップに来ないか、飲み会に来い……。最低限のお付き合いは避けられないかもしれないが、あくまで卒論のためなのだということを折々に口にしておくべき。

参考文献

芦田徹郎（2001）『祭と宗教の現代社会学』世界思想社
福岡市民の祭り振興会（2011）『福岡市民の祭り50周年史　博多どんたく港まつり』
波多江五兵衛（1970）『松囃子どんたく考』博多を語る会
井上精三（1984）『どんたく・山笠・放生会』葦書房
竹沢尚一郎編（1998）『九州の祭り第1巻　博多の祭り』九州大学文学部人間科学科比較宗教研究室
柳田国男（2013）『日本の祭』角川書店（初版は弘文堂から１９４２年に刊行）
「博多どんたく港まつり」公式ホームページ、https://www.dontaku.fukunet.or.jp（最終閲覧日２０２０年３月25日）
Wikipedia「博多どんたく」、https://ja.wikipedia.org/wiki/博多どんたく（最終閲覧日２０２０年３月25日）

第2話

「海外の日本アニメファン」のフィールドワーク

――フィンランドの銀牙伝説ファン

秦 美香子

1　はじめに

筆者は2013～2016年に、日本のマンガやアニメを好む人々を対象にしたアンケートおよびインタビュー調査をフィンランドで行った。海外の日本マンガ・アニメファンを調査した先行研究は多いが、当時はフランスやアメリカなどでの調査が比較的多く、北欧のファンに注目した調査はほとんど見かけなかったからである。先行研究が少ないという事実自体は、研究を行う必要性を説明するものにはならないが（研究する意味がないから研究が行われていない、ということもありえるため）、先行研究では言及されていない作品がフィンランドで愛好されていることに関心を引かれ、研究を始めた。

フィンランド語もできないのに気軽に研究を始めてしまったこともあり、議論を深めることがなかなかできなかった。「フィンランドのマンガ文化の中で、日本のマンガやアニメはどのように浸透しているか」という大きな研究テーマについては、いまだに探究の途上で、フィンランド語の勉強を進めながら細々と続けている。いいかげんな性格で、鋭い観察眼ももっていない筆者だが、これまでフィールドワークに協力してくださったたくさんの方の親切に少しでも恩返しをするために、今後も研究を続けたいと思っている。

本章で取り上げるのは、2013年度に行った、銀牙《ぎんが》伝説シリーズのファンを対象にした調査である。「銀牙伝説シリーズ」と本章が呼ぶのは、高橋よしひろ氏が1983年から1987年にかけて『週刊少年ジャンプ』(集英社)に連載した『銀牙——流れ星 銀』という作品(以下、銀牙)をシリーズ第1作とするマンガ作品群のことだ。2022年8月時点では最新シリーズである『銀牙伝説ノア』までが完結している。「銀牙伝説シリーズ」は作品名ではないため、以下本章ではカッコを付けずに表記する。シリーズの中で特定の作品を意味している場合には、作品名をカギカッコで示した。

以下に記述した調査の方法は、決して模範的なものではない。むしろ、行き当たりばったりなことや、人々の親切心のおかげで偶然できたことばかりである。読者が本章の内容を参考にされる際は、筆者を反面教師として、より良いフィールドワークを行っていただきたい。

2　どうしてこのフィールドに注目したのか

きっかけは完全に偶然でしかないが、覚えている限りの経緯を紹介したい。まず、大学に就職する直前の時期(2011年2月)に、そのとき研究員として仕事をしていた母校の学部がベルギーに海外オフィスを開設し、ベルギーとフランスでシンポジウムやセミナーを開催することになった。筆者も、シンポジウムのお手伝いをし、セミナーに登壇させていただく機会を得た。

当時の筆者は、過保護な母に留学や海外旅行を禁じられていたため、海外は自由に行ける場所ではなかった。ただ「大学の先生が一緒に行く」という条件がついている場合には海外渡航を許されていたので、このベルギー・フランスへの出張はとにかく稀少な機会だった。大学に問い合わせたところ、セミナーの前後に私費で他の場所にも立ち寄ることが許容されたため、このチャンスを逃してはなるまいと、いくつかの土地を訪問することにした。そのうちの1カ所が、トランジットで立ち寄ったフィンランドだった。[*1] つまり、もともとフィンランドは目的地ではなかった。

滞在時間が短かったのでたいしたことはできなかったものの、日本の少女向け雑誌やマンガの研究をしていたこともあり、フィンランドの雑誌や漫画について（何も知らないが）現地調査をしておこうと思い、書店や図書館をいくつかぶらぶらと見学した。確かその時に、見慣れない犬の漫画が翻訳されているなあと思った。ただその時には、深く気に留めることはなかった。

就職先の大学で同じ学科に所属していた教員（熱狂的に？　フィンランドを愛する方）が、筆者がフィンランドに立ち寄ったことを知り、ラハティという町で2011年6月に開催されるDESUCONというファンコンベンションに学生を連れて行くので、フィンランドに興味があるなら一緒に行かないかと誘ってくださった。DESUCONの主催者にも多くの知り合いがおられる様子であり、またこちらは2月に行ったばかりで記憶も新鮮、気分も盛り上がっていたので、それならDESUCONでとりあえず調査をしようと思った（図2-1）。

DESUCONでは、来場者に、日本文化や社会に興味があるのか、あるとすればどのような分野に興味があるのかといったことを尋ねて回った。日本のマンガやアニメに対する関心と、日本の社会や文化に対する関心は相関があるのかを調査しようと思ったからだ。その会場で、犬のコスプレをしている人がやけに多いような印象を受けた（実際に数が多かったのか、インパクトが大きすぎて覚えているだけかは記憶がない）。日本ではアニメやゲームのキャラをもとにコスプレをするけれど、フィンランドでは普通に動物の着ぐるみをするんだな、とその場では思っていたのだが、帰国してから、最初に見かけた犬の漫画（＝『銀牙』）とそのコスプレがやっと結びついた。

＊1　調査に直接関係ないことを長々と書いたのは、似たような境遇の人もいるのではと思うからである。女だから（男だから）～してはいけない、あなたのような性格の（外見の）人間は～してはいけない、などと周囲に言われることがあっても、あきらめないでほしい。筆者の場合は、反対され続けるうちに海外に行きたい気持ち自体が消えてなくなっていたが、本文にも書いたようなきっかけを母校からいくつかいただけたことで、それを取り戻せた。ただ今でも、学生さんたちから「先生は留学したことないんですか」「海外に住んだことないんですか」と聞かれるたびに、「親の言うことなんか無視して留学に申し込めばよかった」と思ってしまう。周囲の人間の言葉を一切無視しろとは言わないが、やりたいことをやっておかないと後々までクヨクヨするかもしれないよ、ということを、読者の方にお伝えしておきたい。

図2–1　DESUCONの会場前

出所：筆者撮影（2011年6月18日）。

帰国後に、ＤＥＳＵＣＯＮで聞いて回ったアンケートを集計して考察するなかで、改めて海外の日本マンガ・アニメファンに関する先行研究を読んだ。どこにも銀牙伝説シリーズの話が出てこないので、これはフィンランドに特有の事象だったのではないか？　と関心をもった。とはいえ、フィンランドや北欧の日本マンガ・アニメシーンに注目した先行研究を見つけることもできず、また自分で調査を行う方法も思いつかなかったために、とくに行動しなかった。

２０１３年２月に再度ＤＥＳＵＣＯＮを訪問し、ゲストスピーカーとして日本のマンガに関するセミナーを知人と一緒にさせていただく機会があった。その際にスタッフの方々とやり取りしたことで、フィンランドの方のフレンドリーさと親切さを感じ、よく知らない土地とはいえフィンランドでなら現地調査が可能なのではないか、という感触を得た。そこで、銀牙伝説シリーズのファンの方にいろいろお話をうかがう機会を作ってみようと考えた。

3 具体的にどのような調査をしたのか

(1) 作品を知る

ウェブ検索によって、銀牙伝説シリーズといってもフィンランドで知られているのはシリーズ第1作の『銀牙』ではないかと推測した。2013年はシリーズの続編『銀牙伝説Weed』(1999~2009年に日本文芸社刊『週刊漫画ゴラク』にて連載)および『銀牙伝説Weedオリオン』(2009~2014年に同誌で連載)がすでに日本では発表されていたものの、そうした作品が読まれているかどうかわからなかったので、アニメ版の存在から考えても『銀牙』のみについて尋ねるのが良いだろうと判断した。

まずは『銀牙』を一通り読み、この作品がフィンランドの人に好まれたポイントを探ろうとした。非常におもしろい作品ではあったが、どちらかというと壮大な歴史物語を読んでいるような感じがして、こんなに日本的な作品がなぜ好まれたのだろうとますます不思議になった。日本的なところが良かったのかもしれないと想像し、「日本らしさ」を調査のひとつの手がかりにしようと考えた。

（2）チラシを配布してもらい、ウェブアンケートを実施

2013年6月に、DESUCONの会場で、アンケートまたはインタビュー調査に協力してくれる『銀牙』ファンを募集するチラシを50枚配布してもらった。筆者自身は会場に行っていない。チラシには、フィンランドにいる『銀牙』読者に作品の感想などを聞きたいので、ウェブアンケートに協力してほしいということと、もしよかったらアンケートに加えてインタビューも行わせていただきたいということを書いた。どんな人間が調査しているかわからなければ胡散臭いだろうと思い、顔写真入りの自己紹介も載せた。

ウェブアンケートの動機と主なねらいは、以下の2点であった。

［1］銀牙伝説シリーズを好きな人がどういう人たちなのかを知りたい。日本のマンガやアニメのファンで、いろいろな作品を受容している中で「ワンピース」や「ドラゴンボ

ール」のようなグローバルに成功した作品以外に興味を持つようになったのかもしれない。先行研究によれば、日本マンガ・アニメのコアなファンほど日本語で作品を受容し、またアニメだけでなくマンガをも読むようになっていくようだ。このあたりを聞いて、フィンランドでも同じなのかどうかを知りたい。

［2］フィンランドを訪問する際か、あるいはメールで個別にインタビューできる相手を探したい。アンケートに回答してもらうことをきっかけに、連絡を取り合える人を見つけたい。チラシを見たからといって回答してくれるわけではないだろうから、50枚のチラシを受け取った方の半分か3分の1でもアンケートに回答してくださる方がいれば、そしてその中で数名でも実際にお会いできる方かメールでのやり取りをしてくれる方がいれば、インタビュー調査が実行できるだろう。

ということで、うまくいくかどうかまったくわからなかったにもかかわらず、ものはためしだと思ってチラシをまいていただいた。

その結果、予想に反して多くの回答が集まった。それは、会場に来ていた銀牙伝説シリーズのフィンランド語翻訳者でありフィンランド語版を出版している*Sangatsu Manga*（Tammiという出版社が発行している日本マンガのレーベル）の編集者でもある方がチラシを受け取ってくださったた

図2-2　フィンランドの銀牙伝説シリーズファンクラブの会長（右）

出所：ヘルシンキにてS氏撮影。

めである。その方が、フィンランドの銀牙伝説シリーズファンクラブの会長にそのチラシを渡してくれた。そしてその会長が、厚意でファンサイトの掲示板にリンクを掲載してくれた（図2－2）。そのようにして人の親切がつながった結果、258名の方がウェブアンケートに回答してくれた。また30名がメールでのインタビューにも応じてくれた。なお、スカイプでビデオ通話を申し出てくれた方もいたが、こちらの通信環境があまり良くなく、きちんとしたインタビューには至らなかった。

（3）ウェブアンケートの内容

ウェブアンケートはREAS（リアルタイ

ム評価システム）を使用した。ＲＥＡＳは芝崎順司氏（放送大学）が開発した、アンケート調査や出欠確認、テストを実施できるオンラインの無料サービスで、「教育機関・研究機関等に所属する個人が非営利な教育・研究目的で使用する」場合に限り使用が許可されている。このサービスを使って、以下の質問を尋ねた。

［1］銀牙伝説シリーズの中で知っている（マンガを読んだ、またはアニメを観た）タイトル
［2］何語版のマンガを読んだか
［3］何語版のアニメを観たか
［4］マンガ版を初めて読んだのは何歳の頃か
［5］アニメ版を初めて観たのは何歳の頃か
［6］アニメ版はＤＶＤで観たか、テレビ放送を観たか
［7］最初に『銀牙』を観た、または読んだとき、日本で作られたものと知っていたか
［8］いつ日本の作品だと知ったか
［9］最も好きなキャラクターは
［10］『銀牙』のどういうところが好きか
［11］今も『銀牙』を読んだり観たりしているか

[12] 他の日本のマンガを読んでいるか
[13] 他の日本のアニメを観ているか
[14] フィンランドのマンガを読むか
[15] 年齢、性別、フィンランドに住んでいるかどうか

質問項目は、基本的に「日本のマンガ・アニメ」として『銀牙』または銀牙伝説シリーズに接したのではないかというイメージに基づいて設定していた。「日本のマンガ・アニメ」を受容する中で、銀牙伝説シリーズが回答者にとってどういう位置に置かれているのかをうかがい知るための質問項目であった。

(4) メールでの追加質問

次に、メールでのやり取りを承諾してくださった30名の方には、メールで追加の質問を尋ねた。追加の質問は、以下であった。

[1] 『銀牙』は「日本らしさ」(何か日本を感じさせるもの)を持っていると思うか。それはどう

いうところか。

［2］『銀牙』はあなたの日本理解に影響を与えたと思うか。

［3］『銀牙』をどのように観たり読んだりしたか（一人で受容したか、友達や家族と作品の話をすることがあったか、など）。

これらの質問は、作品を読んで筆者が感じた「日本っぽさ」のようなものをフィンランドの読者が感じているのかどうかを知りたくて設定した。また、作品の読解について尋ねるならば、具体的な受容状況を知ることも必須と考え、［3］の質問を設定した。後述するように、結果的には［3］の質問がとても重要だったのだが、質問項目作成時にはほとんど意識していなかった。

（5）口頭インタビュー

2013年9月にヘルシンキに行き、上述した編集者の方と、メールインタビューに応じてくださった30名のうち、会うことも了解してくださった14名の方にインタビューさせていただいた。編集者の方からは、フィンランドでの銀牙伝説シリーズや日本マンガ全般の出版状況などについて教えていただいた。ファンの方へのインタビューでは、アンケート・メールによる回答の確認を行った。単独で英語でインタビューした日と、DESUCONのオーガナイザーの方が厚意で日本語－フィンランド語の通訳をしてくれた日があった。インタビュー協力を引き受けてくださった方々は全員、英語ができる人たちであったが、やはり通訳がついてフィンランド語で語れるという状況のほうが何倍も多く話してくれていた。

4　調査で得たデータはどのようにまとめたのか

(1)　KJ法を用いて整理

前述したとおり、アンケートは厳密に行った調査ではなかった。また、2回以上回答している人がいても、回答を大きく変えたりしている場合には、同一人物であることを発見するのは難しい。そもそも、実施前から統計的な処理を行うことは予定していなかった。したがって、集計結果は銀牙伝説シリーズを好む人々の全体像をざっくりイメージするための手がかりとしてのみ参考にさせていただくことにした。

分析の対象としたのは、アンケート調査の自由記述、メールインタビューの回答、音声によるインタビューデータであった。主に、回答者が自身で具体的に書いてくれたものであるメールの文章を分析のためのデータとして使用することにした。音声インタビューデータは、回答者が書いた内容に対する筆者の理解に間違いがないかを確認するための補足として使用した。

最初に、データを切片化してＫＪ法を用いて整理した。切片は「作品自体の価値」「作品と個人との関係」「作品と文化との関係」「ファン文化」に関する語りという表札に分類され、とくに「作品と個人との関係」の中には「子ども時代」「作品がもたらしたもの」が含まれる、という整理になった。

整理を通してわかったことは、おおむね以下のポイントであった。

［1］作品に感銘を受けたことから、ファン活動を行ったり、日本文化に関心を持つようになったりした人もいる。

［2］子ども時代の思い出や、作品が自分に与えた影響といった、作品と回答者個人との関係が重視される場合がある。

ただ、ＫＪ法による整理はここで止まってしまい、結果をうまく理論化するまでには至らなかった。そこで、今度はデータをＳＣＡＴ分析という方法で分析することとした。

（2）SCAT分析

SCAT（Steps for Coding and Theorization）分析とは、切片化された質的データのそれぞれについて以下の4段階でコード化し、［4］に基づいてストーリーラインを記述して理論化を行うという方法である（大谷 2019: 271）。

［1］テクスト中の注目すべき語句
［2］テクスト中の語句の言いかえ
［3］それを説明するようなテクスト外の概念
［4］そこから浮かび上がるテーマ・構成概念
（［5］疑問・課題も分析シートには含まれる）

この方法の利点は、［1］について［2］→［3］→［4］の順に表に書き込んでいけばよいので、やるべきことがわかりやすいところである。また、コード化・理論化の過程が残るので、後で振り返るときにも便利である。参考までに筆者が行ったSCAT分析のコード化の例

表2-1　SCAT分析の例

テクスト	〈1〉テクスト中の注目すべき語句	〈2〉テクスト中の語句の言いかえ	〈3〉左を説明するようなテクスト外の概念	〈4〉テーマ・構成概念（前後や全体の文脈を考慮して）	〈5〉疑問・課題
I read manga of Ginga series pretty often. Most I read mangas in Japanese, because some mangas aren't yet published in Finnish.	read mangas in Japanese/not yet published in Finnish	フィンランド語版が出版されていないものは日本語版を読む	翻訳出版の状況	フィンランド語版でアクセスできる作品は限られている	日本語がまったくできない場合，コアなファンになりにくいのか？
I have bought, of course, all books translated in Finnish for supporting publishing and for collecting.	bought books for supporting publishing	出版を応援するためにフィンランド語版を買う	ファン活動としての書籍購入	フィンランド語版をつくる翻訳者や出版社に対する応援の気持ち	編集者とファンの間に良好な関係性が築かれているのか？
Basically, I read Ginga alone, but I like to watch the anime with my friends, who like Ginga. The fans in Finland are rather active and we arrange some nice meetings together periodically.	The fans in Finland are rather active/ arrange some nice meetings together periodically	フィンランドのファンはアクティブ，定期的に会っている	ファンダムの形成	たんに作品を受容するだけでなく，他の人と一緒に作品を受容したり，作品をきっかけに集まったりするのが楽しい	作品自体を楽しむのは当然として，他の人と一緒に何か活動をする楽しみがある
Some of my friends are asking me some translation of Japanese mangas some aren't still published in Finnish sometimes, because I know a little bit Japanese. For first time, I started to study Japanese in order that I could read manga in original language.	asking me some translation/study Japanese	まだ翻訳されていないものを読んだり，人のために翻訳するために，日本語を勉強	ファン活動としての語学	作品を好きになることで，関心領域が拡大している	語学以外にも関心の広がりは見られるのか
Nevertheless, my family members aren't interested in this hobby.	my family members aren't interested in this hobby	家族はこの趣味に無関心	周囲からの関心	（家族や友人と一緒に受容するかという質問に対する答え）	家族が無関心であることは，この回答者にとってとくに問題視されていなかったので要注意
When I meet new person, I try to ask if he/she is interested in Ginga, as well. Also, I use to say a couple of words about Ginga to my friend, who aren't interested in sometimes.	say a couple of words about Ginga to my friend	銀牙伝説シリーズに興味がない人にもすすめている	ファンによる普及のための活動	他の人にもこのシリーズに興味を持ってほしいと思っている	子ども時代の思い出としてはみんな知っているということなので，今も続いているということを知らせたいということか
Many people knows the series, and some think the series might be nostalgic, because they have seen it as a child - even if they call not themselves as "fans".	nostalgic	銀牙伝説シリーズは，ファン以外の人にとってもノスタルジー	子ども時代の思い出としての作品	銀牙伝説シリーズ（銀牙）は，人々にとって子ども時代のなつかしい思い出である	ノスタルジーということは，現在も継続的に作品を読んだり観たりしている人は少数派という認識なのか

注：番号，発話者，ストーリーライン，理論記述，さらに追究すべき点・課題を除く。
出所：筆者作成。

を付けるが、やり方に少し間違いがある可能性もあるので、読者が分析を行う際には本章ではなく大谷尚による詳しい説明（大谷 2019）を参考にしてほしい（表2－1）。

5 どのようなことがわかったのか

ここでは編集者の方にお尋ねして事実としてわかったことを紹介し、インタビューを通してわかったことは第6節で述べる。

（1） フィンランド語に翻訳された日本のマンガ作品の発行部数

まず、フィンランドで発行される日本マンガの部数は、人気タイトルで約1万〜1万5000部、最少発行部数は3000部程度ということだった。日本の市場から比べると格段に小さいが、現地のアーティストが出版するマンガ本[*2]には1000部前後のものが多いため、それに比べると多く印刷されていることがわかる。

ヨーロッパでは日本とは異なり、マンガは雑誌に掲載されたうえで単行本化されるのではなく、最初から書籍で発行される。そのため、*Sangatsu Manga*としては第1巻をプロモーションのため無料で配布し、2巻以降の購入につなげるというビジネスモデルでやっていきたいと考えている。しかしこの手法は日本の出版社の同意を得られず、実現できていない（当時）。

日本マンガの刊行ペースを尋ねると、人気のタイトルは毎月続巻が発行されるが、とくに人気の高いタイトル以外は隔月発行ということだった。これは出版社側の事情ではなく、書店やスーパーなどの販売スペースが限られているという問題によるものだという。なお価格は1冊あたり6ユーロ程度であった。

インタビュー当時は『銀牙伝説Ｗｅｅｄ』が毎月刊行中で、その印刷部数は約1万部だが、1〜2巻は1万5000部程度だったそうだ。同時期に刊行されていた『Ｎａｒｕｔｏ』が約7500部ということだったので、銀牙伝説シリーズの人気がここからもうかがい知れる。また累積印刷部数では、『ドラゴンボール』、『銀牙――流れ星 銀』、『Ｗｅｅｄ』、『Ｎａｒｕｔｏ』の順で人気ということだった（当時）。

＊2 これは日本のスタイルで描かれたマンガという意味ではなく、コマ割りされた絵の連続による物語表現という意味である。本章では日本、ＢＤ、アメコミなどのスタイルや発行国の違いにかかわらず、すべてを「マンガ」と表記する。

（2）『銀牙』が翻訳された経緯

『銀牙』は、アニメのフィンランド語吹き替え版が1990年代から知られていたため、単行本のフィンランド語翻訳版を発行してほしいという要望は何度も寄せられていたそうだ。もともとは、日本と韓国のマンガを翻訳出版していたPunainen jättiläinen社が翻訳出版を集英社に働きかけていたが、実現しなかった。2009年にPunainen jättiläinenがTammiに買収されたことで出版企画が実現する。Tammiは大手出版社なので、集英社も信頼できると判断したのかもしれない。[*3]

日本マンガが翻訳される際には、通常はデジタルデータを日本の出版社から有償（200〜800ユーロ程度らしい）で借りて制作するという。しかし翻訳出版に際してデジタルデータが存在せず生原稿も残っていない場合もあり、そのときには編集者が日本語版の本をスキャンしてデータ化することもあるそうだ。また驚いたのは、翻訳企画を立てるうえで参考となる日本語版をフィンランドのファンから借りることもあるというお話だった。銀牙伝説シリーズの本にもそのような例があった。

ファンと編集者の距離はとても近い。前述したコンベンションでの関わりがあるだけでなく、単行本の最後につけられるおまけページもファンが執筆しているものがある。ファンクラブの活動紹介や、犬に関する一般的な記事、読者投稿欄（読者からのイラスト投稿）などがあり、誌面は充実している。

(3)『銀牙伝説Ｗｅｅｄ』の表紙

筆者が個人的にとても興味深かったのは、『銀牙伝説Ｗｅｅｄ』の表紙が日本語版とフィンランド語版で異なることだった。使用されているイラストは同じなのだが、背景に使われる写真（自然の風景を撮影したもの）が違う写真に差し替えられている。著作権上の問題で日本語オリジナル版の写真が使えないために、最初は1色カラーの背景になっていたが、著者の高橋氏から要望があり、21巻からはフィンランドで背景写真を撮影しキャラクターのイラストを重ねるようになったということだった。

日本語版と似た雰囲気の写真が選ばれてはいるが、やはり日本とフィンランドの自然の風景

＊3　ただPunainen jättiläinenはファンからの信頼も厚かったため、Tammiから発行されてはいるのだが、単行本にはPunainen jättiläinenのロゴも付けられていた。

は違うため、表紙を見るとすぐにそれがフィンランドの森などだということがわかる。ただそれがファンにも好評だということだった。確かに、表紙の雰囲気からは作品の舞台がフィンランドであるかのようにも見え、ファンとしては嬉しいだろう。

6　どんな発見があったのか

(1)　2種類のタイプ

実は、主に本章で書いた調査とは別の聞き取り調査によってわかったことだが、銀牙伝説シリーズに特別な思いを抱いていない日本マンガ・アニメのファンは、銀牙伝説シリーズのファンは自分たちとは少し違うと感じているようだった。冒頭に紹介したDESUCONのようなコンベンション（フィンランド内で開催されている比較的大規模なコンベンションは複数存在する）を主催する人々は、自分たちはさまざまなアニメやマンガを好み、関心を広げていくほうだが、銀牙伝説シリーズのファンは銀牙伝説シリーズしか読まない（観ない）、と言っていた。

本章で紹介した調査に協力してくれた方も、確かに2種類のタイプが存在した。実際に会ったときにはあまり銀牙伝説シリーズについて細かく語らず、他のこういう作品が好きだという話や、日本語を勉強しているといったような日本全体についての関心を教えてくださるタイプと、ものすごく熱意を込めて銀牙伝説シリーズへの思いを語ってくれる一方で、日本自体や日本の他の作品についてはほとんど語らないタイプである。いずれのタイプも、作品に触れた経緯は前述のとおり（子どもの頃にアニメを知り、大きくなってからマンガも読んだ、というもの）で共通しており、またアンケートの自由記述やメールの文章にはそれほど大きな違いがあらわれなかったが、やはり実際に会ってお話をしてみることで、「フィンランドに住む銀牙伝説シリーズの読者」と簡単にひとくくりにできないものがあることを感じ取った。そういう点では、アンケート・メール・面談と何重にも調査を行ってよかったともいえる（1つの方法で済ませることができるなら、それに越したことはないが）。

（2）子ども時代の大事な思い出としての『銀牙』

2種類のタイプの方に共通していたのは、とくに『銀牙』が日本のマンガ作品である以前に大事な子ども時代の思い出であるというところである。インタビューに答えてくれた時点での銀牙伝説シリーズに対する関心の程度にかかわらず、どの方も、『銀牙』を子ども時代の思い出の一部分として語ってくれた。

前述のように、『銀牙』はまず1990年代にアニメのVHSがフィンランドで流通し、ほとんどの人がそのアニメによって作品を知ったそうだ。それはフィンランド語吹き替え版だったが、伝説的に出来の悪い吹き替えだったと何人もの方が話してくれた。[*4] それでも、ヨーロッパやアメリカのアニメーションとは異なる日本スタイルのアニメが、作品を観た子どもたちにとっては印象深かったようだ。マンガの翻訳版の出版を要望する声が多かったという編集者の方のお話を紹介したが、子どもの頃に観たアニメ作品に原作が存在することを大きくなってから知り、ぜひ読んでみたいと思ったのだ、という人が確かに何人もいた。

「日本のアニメ」に接したという事実よりも、それを家族がどういう状況で買ってきてくれたか（たとえば、おばあちゃんに会うといつも小さなプレゼントをくれて、その中の1つがたまたまアニメ『銀牙』のVHSであった、など）、どのように作品を再生したか（たとえば、生徒が持ち寄った作品を皆で観る上映会のような企画が学校で行われており、それに『銀牙』のアニメを持って行って、自分の好きな作品はこれだ！　ということを皆に知ってもらえた喜びなど）、その個別のエピソードが回答者にとっては重要なもののようだった。ひょっとしたら、ウェブアンケートに協力してくださった方の数が多かったのも、「あのなつかしい『銀牙』について聞きたい日本人がいるのか」というほほえましい気持ちのようなものがあったのかもしれない。

（3）銀牙伝説が与えてくれたもの

回答者のタイプによって違っていたところは、当然といえば当然だが、作品が回答者に与えた心理的励ましの強さだった。銀牙伝説シリーズを読むことで、力のないものが勇気を出して難しいことに立ち向かっていく姿や、他者と力を合わせて壁を乗り越えていく姿に感銘を受け、その感動が、自分自身を動かす原動力になったと語ってくれた人もいた。また、銀牙伝説シリーズを自分が好きだということ自体や、ファン仲間とつながっていることから活力を得ている人もいた。

何より、明確に言語化して語られた部分以外に、銀牙伝説シリーズを好きということ自体の持っている意味の強さといえるようなものを感じることがあった。フィンランドのものではない、（多分）よくわからない日本という国の、ポケモンやジブリのようなグローバルブランドではない作品を自分が好きという事実が、かれらを強くしている部分があると感じた。筆者がへ

＊4　VHSのパッケージにも「作品の舞台はアラスカ」と書かれていたようで、けっこういいかげんな作りだったことが想像される。

ルシンキを訪問した際に、わざわざ何時間もかけて（大変申し訳ないことに自費で）ヘルシンキまで会いに来てくださったという熱意も、それに通じていると思う。

アニメやマンガに限らず、何か好きなものがある人にはある程度共通していることではあると思うが、自分がコミットしているものは、しばしばその人自身の一部分になる。銀牙伝説シリーズを好きであることがアイデンティティとなって、その人を強くしているように思えた。

これらは、実際に会ってお話をしていたときに偶然語られたものや、筆者が勝手に感じ取ったもので、調査協力を全体としては了解してくださっているものの「データ」として使ってよいのだろうかと思う部分もあり、それを「研究成果」にはできなかった。ただ、銀牙伝説シリーズに回答者それぞれが持っているとても大切なものがあるということを知り、とにかくこの研究は軽々しくまとめて薄っぺらに発表していいものではない、という誠実さを筆者なりに持つことにはつながった。

（4） まとめと反省

回答には、マンガよりもアニメに先に接触していたこと、キャラクターが闘いによって傷つき、血を流すという、フィンランドやヨーロッパのアニメにはない描写があって驚いたことなど、これまで先行研究でも語られてきた「日本のマンガを受容する海外のファン」像を追認する部分がもちろんあった。しかし、それは回答者自身にとって重要ではないということを、実際にお話をうかがうことでひしひしと感じた。

こうして書くと本当に当たり前のことすぎて、おまえはそんなこともわからなかったのか、と読者には思われるかもしれないが、当時の筆者は「海外のアニメ・マンガファン」を、「ヨーロッパやアメリカとは違う日本のスタイルがあるんだね。クール!」と感心してくれるような（まあ、そこまでひどくはないが、だいたいそんな）、現代アート好きの人というステレオタイプなイメージで想像していた。フィンランドの方も、「日本のアニメ・マンガ」を受容する文脈の中で銀牙伝説という作品にとくに魅力を感じたに違いないから、それが何だったかを教えていただこう、という程度の認識だったのである。実際に調査に協力してくれた方々は、当たり前だがもっと多様だった。自分の問題意識の浅さが恥ずかしい。

また、日本のマンガやアニメは、日本では「オタク」文化と結びつけて理解するのが当然になっていることもあり、子ども文化という一面が時に注目されにくくなっているが、やはり基本は子どもも時代に接する文化であり、大人になってそれに再会したり、別の一面を発見したりすることで作品やジャンルに対する共感が深まっているという可能性が重要ではないかということも、調査を通して学んだ。

さらに、本章ではあまり触れることができなかったが、作品が他者とのつながりを生み出すきっかけになっている人も少なからずおり、作品自体ももちろん楽しんでいるが、作品を通してコンベンションを開催したり、参加したりすることが何より楽しい、という人の多さも改めて認識した。

7　おわりに

読者の方は本章に何度もツッコミを入れながら読まれたことと思う。そのツッコミのとおり、読者の皆さんはまず研究をしっかりとデザインしてから調査に取りかかったほうがいい。筆者のような、「インタビュー相手を探すためになんとなくウェブアンケートを実施する」「データ収集が終わってからＫＪ法では分析しきれないことに気付く」というといいかげんなやり方では、おそらくほとんどの調査が失敗に終わる。筆者も事前にそれなりに質的研究の教科書を読んで準備をしたつもりだったが、何を準備したんだろうと思うぐらい失敗ばかりだ。本書や、章末の参考文献に示した『最強の社会調査入門』などを通して、自分が実行可能な調査方法を検討してほしい。

本章で紹介した調査方法に関する最大の問題点は、最初のウェブアンケートだったと反省する。ふわっとした動機でアンケートを取っても、こちらの「知りたい欲求」が満たされるだけで、分析に耐える手堅いデータが得られることはない。アンケートに協力してくださる方々の時間を無駄にするだけである。

なお、筆者はわかりやすい質的研究の手法としてSCAT分析を選んだが、最初に行ったKJ法が良くないという意味ではない。KJ法は、いわゆる研究法・データ分析法としてだけでなく、思考を整理するための方法として今でもなお有効である。たとえば、調査を始める前に自分のアイデアを整理するなどにも使いやすいと思う。

全体的に振り返ってみると、筆者はいつも頭でよく考える前に手足を動かしてしまっている。これは間違いなく最良の方法ではないが、一から百まで間違いだったかどうかはわからない。許される限り、トライアル&エラーを繰り返さないと、生身の人間の言動や気持ちを理解することはできないのではないかと思う。上記のアドバイス（?）と矛盾するかもしれないが、読者は一度で完璧な調査を行わなければならない、とプレッシャーに感じずに、間違えてしまったら修正すればいいという気持ちもあわせ持って、勇気を出して調査をスタートさせてほしいと思う。

ワンポイントアドバイス

事前の調査・研究デザインは、やりすぎかなと思うぐらいにやっておいたほうが、効率が良いと思います。すでに見切り発車をしてしまった人は、あきらめずにトライアル＆エラーで頑張ってください。

参考文献

川喜田二郎（2017）『発想法 改版――創造性開発のために』中央公論新社
前田拓也・秋谷直矩・朴沙羅・木下衆編（2016）『最強の社会調査入門――これから質的調査をはじめる人のために』ナカニシヤ出版
大谷尚（2019）『質的研究の考え方――研究方法論からＳＣＡＴによる分析まで』名古屋大学出版会
高橋よしひろ（1993-1994）『銀牙――流れ星 銀』ジャンプコミックスセレクション版、集英社、全10巻

第3話

「スマホゲーム」のフィールドワーク
──拡張現実（AR）がもたらす可能性

圓田 浩二

1　はじめに

みなさんの中で、夕刻に、街角のイオンマックスバリュやマクドナルド、あるいは休日に都会にある大きな公園の時計台や記念碑などのシンボルあたりで、スマートフォンを片手に、多くの男女が密集した光景を見かけた人はいないだろうか？　彼ら／彼女らの行動は、それを知らない・やったことがない人たちの目には、とても奇妙に映る。彼ら／彼女らは、スマートフォンの画面をじっとにらみ、そしてその画面を片手で叩く。そして10分も経てば人だかりは消えてしまう。おそらくそれはポケモンGOの「トレーナー」たちだ。彼ら／彼女らはポケモンGOというスマホアプリの「レイドバトル」に参加していたのだ。

本章で取り上げるポケモンGOとは、日本では、2016年7月22日に配信されたスマートフォン向けゲームである。アメリカ合衆国のナイアンティック社という会社が製作した。配信後、日本中で盛り上がり、ニュースで取り上げられるような「熱狂」という名の社会現象を生み出した。筆者も、配信当日にアプリをダウンロードして、今日までほぼ毎日欠かさずにプレイしている。ポケモンGOはとても斬新なゲームアプリで、「新たな社会や世界の可能性」を垣間見せてくれる。筆者は、一トレーナー（ポケモンGOではプレイヤーをこう呼ぶ）として、毎日住んでいる地域を駆け回り、時には日本各地や世界各地に出かけて、ポケモンGOを楽しんでいる。そうしてポケモンGOを遊ぶ中で、これまでのゲームとは違うことを感じてきた。これは社会学の研究対象としておもしろいのではないかと思うようになった。こうして、筆者はポケモンGOに関する社会学者として、ポケモンGOのもつ「新たな社会や世界の可能性」を、フィールドワークを行いながら、社会学的な研究を行うことになった。本章での筆者の仮説は、「インターネット技術やデジタル技術が人間の生活の本質を変え、その世界観を変えるか？」というものである。

2 ポケモンGOとは

(1) 人気ゲームアプリ

ポケモンGOは、2016年から続く人気ゲームアプリとなっている。サービス開始の2016年7月以来、ポケモンGOの累計売上は27億ドル（約2860億円）に到達し、2019年末には30億ドルを突破する見込みである（だいたい日本の警察庁の年間予算くらい）。「ポケモンGO」のダウンロード数は、全世界で2019年7月末現在累計10億ダウンロード、現在のアクティ

図3–1　アバター，地図，ポケストップ，ジム，ポケモン

出所：筆者撮影（2017年7月17日）。

図3–2　ポケストップ

出所：筆者撮影（2018年10月6日）。

ブプレイヤーは世界で1億4000万人超（株式会社イクセルと調査会社の「Sensor Tower」の報告）である。日本国内のポケモンGOの月間利用ユーザー数は推計約440万人である。

図3－1は、ポケモンGOを開いたときのスマートフォンの画像である。真ん中にプレイヤーのアバター、その隣の丸い円盤のような立体物がポケストップ（その場所にあるランドマーク的な建物や記念物がポケストップとなる）、その下に「ヒメグマ」という名のポケモン、右上半分の筒のような立体物がジム（その場所にあるランドマーク的な建物がジムとなる）である。ポケモンGOは基本的にはポケモンを捕まえるゲームである。そのために必要なアイテムがジムやポケストップをタッチすることで得られる（**図3－2**はポケストップを回してアイテムとタスクを得る画像である）。またジムは、モンスターが出現するレイドバトルの場所になったり、ジムをトレーナーが攻撃して、捕獲したポケモンを配置し

て占拠する場所でもある。

(2) ポケモンGOの魅力

筆者から見れば、その魅力は、①ポケモンの世界観とキャラクター、②位置情報を利用、③操作が簡単、④AR(Augmented Reality)技術という4つにあると考える。

少し説明すると、「ポケモン」とはポケットモンスターの略称で、1996年に発売された任天堂のゲームボーイ・ソフト『ポケットモンスター』に始まる。以降続々とゲームソフトが販売され、ゲームソフト『ポケットモンスター』シリーズは、2017年11月17日時点で「ポケモン関連ゲームソフトの出荷本数(ダウンロード版を含む)が、世界累計で3億本を突破した」(4Gamer.net 2017年11月24日)。今や、ポケットモンスターは日本が世界に誇る人気コンテンツの1つとなっている。このシリーズから、ポケモンの魅力と捕獲(収集して、ポケモン図鑑を埋めること)が、ポケモンGOにも受け継がれている。

ポケモンGOでは「移動」がとても重要となる。アプリを開けば、トレーナーが画面中央に現れ、それを操作する人間の移動にともなって、ゲーム画面上を移動していく。ポケモンGOは、スマートフォンのGPS機能を用いた位置情報を取得している。移動すれば、ポケモンの卵が孵化したり、相棒のポケモンから飴がもらえたり、ボーナスでアイテムがもらえたりする。また、ポケモンGOはとても操作が簡単である。説明書などは読まなくてもいい。ポケストップを回して、ポケモンを見つけたらボールを投げて捕獲する。ポケモンの飴がたまったらそのポケモンを進化させる。すると、図鑑が埋まっていくし、トレーナーレベルも上がっていく。

（3）ＡＲ技術

インターネットの辞典・百科事典の検索サービス「Weblio辞書」によれば、拡張現実とは、「実世界から得られる知覚情報に、コンピューターで情報を補足したり、センサーによる情報を加えて強調したりする技術の総称。専用のゴーグルや機器などを通して見た現実の風景に、電子情報を重ね合わせて表示するもの。スマートホンのカメラ機能を用いたＡＲ動画などに応用されている」。拡張現実は、仮想現実（バーチャルリアリティ）と対比される。仮想現実は、現実にはないものをコンピュータによってあたかもそこにあるかのように知覚させる技術である。これに対して、拡張現実は、現実に存在するものに対してコンピュータが情報をさらに付与し、さらに強い・深い知覚を可能にするものであるといえる。この技術が近年注目されている。

「いま・ここ」を拡張する情報技術として、近年は「拡張現実（AR：Augmented Reality）」と呼ばれるものが注目されている。これは、現実の環境にコンピュータを用いて情報を重ねることで、現実を「上書き」するものである。（松岡 2016: 188）。

つまり、拡張現実技術とは、現実世界に画像や情報を重ねて表示し、視覚や聴覚などを拡張

図3–3 スマホアプリ「IKEA Place」AR機能で家具を設置

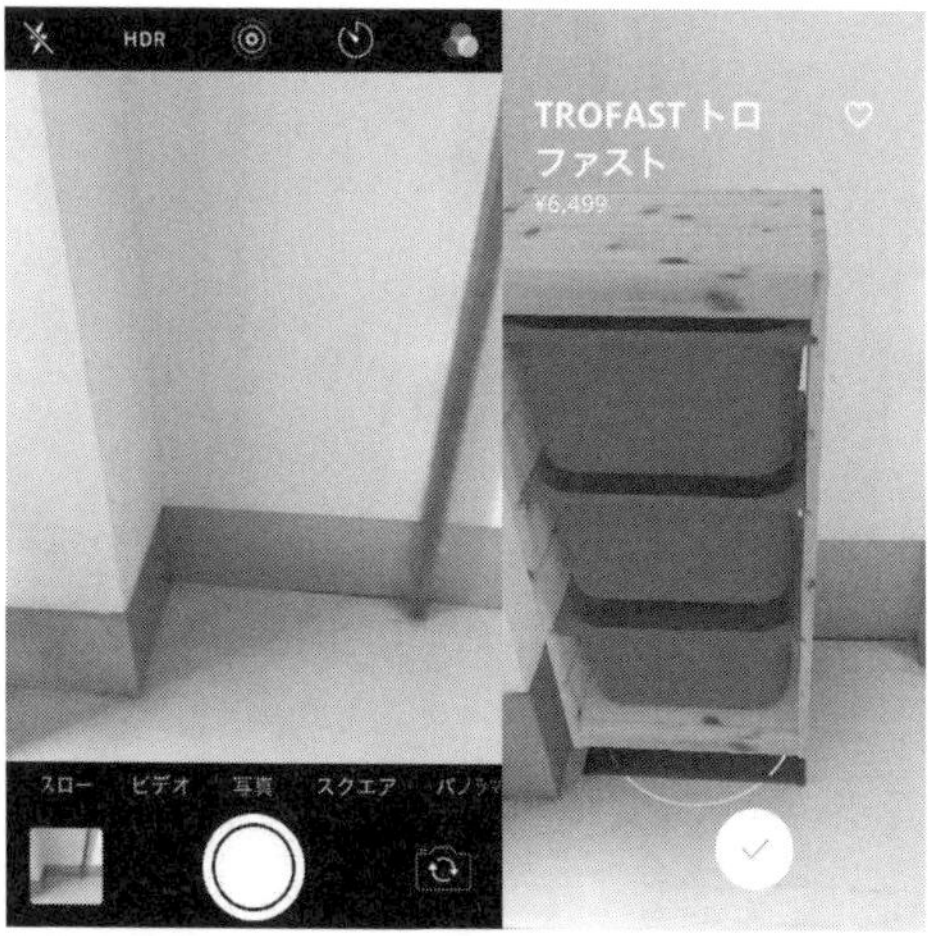

出所：筆者撮影（2019年7月31日）。

図3–4 スマホアプリ「Yahoo! MAP」ARモード

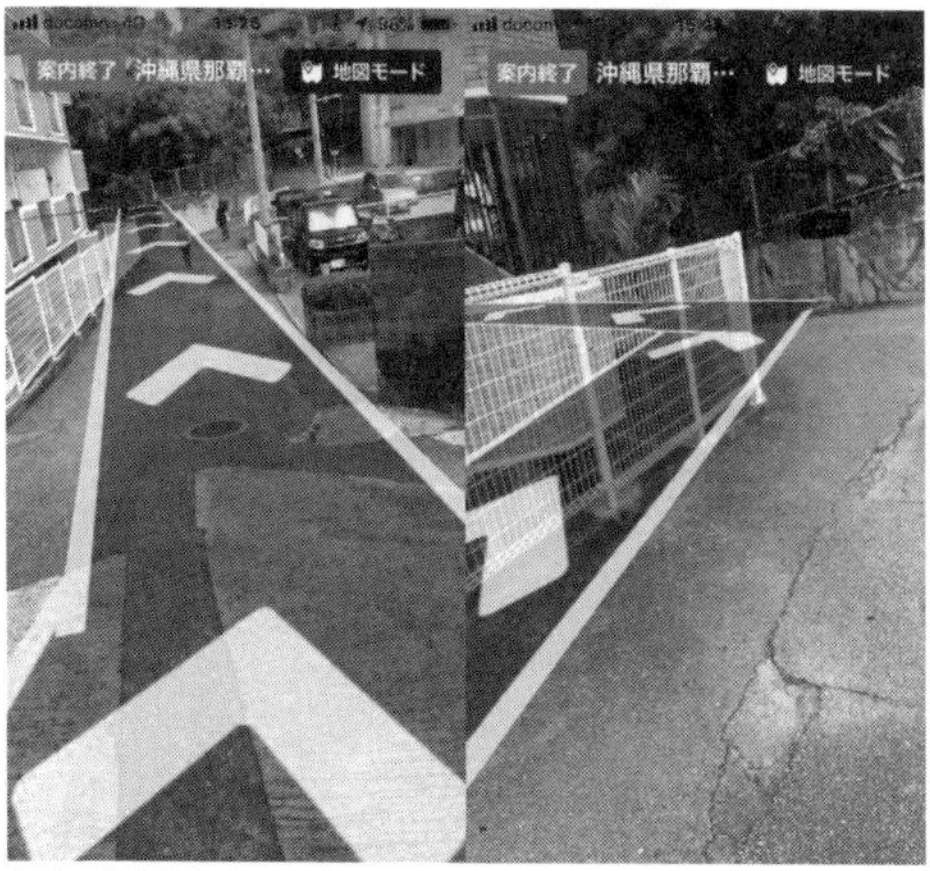

出所：筆者撮影（2019年10月12日）。

図3–5　ARモードで出現した「パチリス」

出所：筆者撮影（2019年7月31日）。

図3–6　株式会社ナイアンティック　六本木ヒルズ内毛利庭園　ARイベント

出所：筆者撮影（2018年10月12日）。

するデジタル技術である。図３－３ではある空間にアプリを使って家具を置いた時の様子が見れる。図３－４は矢印で行く方向を示してくれている。ポケモンGOではARモードでポケモンを現実世界に登場させることができる（図３－５）。

筆者がまとめれば、AR技術とは、不在のものを可視化し、そこにあるように見せるデジタル技術である。モンスターの出現や交通誘導、操作指示などに応用できる。また、AR技術は、不可視のものや本来そこにない人工物をデジタル技術を使って可視化する技術でもある。付加情報（文字・画像・音声）「エアタグ」や温度、紫外線、放射線など、肉眼では見えないものを表示してくれる。図３－６は、東京の六本木ヒルズで開催されたポケモンGOのARイベントである。スマートフォン型端末には、ポケモンGOの人気ポケモン「カビゴン」が写っているが、背景の景色にはカビゴンの置物はない。端末の画面を通して見ると、そこにはカビゴンがいて、画面越しに触ったりすると、動いたり、鳴き声を上げたりする。

3　ポケモンGOのフィールドワーク

（1）インタビュー調査

インタビュー調査は2つの方法で行った。1つ目は各イベント地でのトレーナーへのインタビュー調査である。2つ目は、あらかじめ用意した質問項目によって、インタビューを行い、その体験を自由に語ってもらうというインタビュー法であった。この方法を質的調査法では「半構造化インタビュー」と呼ぶ。レイドなどで直接知り合ったトレーナーに声をかけて、インタビューを行った。インタビュー調査期間は2018年6月26日から8月24日であった。年齢は17歳から65歳まで、レベル38以上のコアなトレーナー（2018年6月の段階でレベル38というトレーナーは、上限が40なので、ほぼ毎日長時間プレイをしているくらいの難易度である）男性13人・女性8人、職業は高校生から大学生、主婦、自営業者、介護職、港湾労働者、会社員、年金生活者、大学教授までさまざまである。場所も筆者の活動地域である沖縄県那覇市周辺に集中しないように、大阪、京都、東京でもインタビューを行った。インタビュー時間はおよそ1人40分から1時間で、26項目について質問を行った。

（2）調査データをまとめる

インタビュー対象者ごとにエクセルを使ってファイルを作り、数値化できるものは平均や合計を出し、数値化できないものは、エクセルにその事項を記述した。

その結果わかったことは、男性トレーナーの平均年齢38・6歳、女性トレーナーの平均年齢49・2歳であった。この調査からわかったヘビーユーザーの平均的なトレーナー像は、「40代半ばの中年でリリース開始日の2016年7月22日に始めて、アカウントを2個、携帯端末を2台もち、週に平均35・67時間ポケモンGOを起動して遊び、月に1万円程度課金をして、ゴプラ（正式名称「PokémonGO Plus」、任天堂が2016年に発売したポケモンGO専用の自動ポケモン捕獲・アイテム回収ツール）を使って捕獲数と砂を稼ぐ。[*1] そして、ジムバトルも積極的に行い金ジム（より多くアイテム、経験値が得られるようになった最高レベルのジムである）平均40個、伝説レイドバトル（「伝説」と呼ばれる非常にレアなポケモン）は課金パスを使って連戦し、EXレイド（特別なポケモンが捕獲できる招待制のレイド）はほぼ毎週のように招待を受けている」ことがわかった。

インタビュー調査での40代半ばのトレーナー層というのはかなり的確な年齢層だと言える。２０１６年７月から２０１７年６月の間で行われた調査では「40代以上の中高年・シニア層のユーザー割合は38％から48％と10ポイント増加」（キャリネコ　２０１７年7月15日）と分析されているように、２０１６年７月のリリース当初のライト層の若年層が減って、40代以上の中高年・シニア層が増加している。今回の調査でも幅広い年齢層からインタビューを行ったが、同じような年齢層がポケモンＧＯのトレーナーの平均像に重なったことは良かった点である。

（３）どのようなことがわかったのか

インタビュー調査とフィールドワーク、ウェブ記事閲覧からわかったことは次の４点であった。①地域の発見、②階層の可視化と交流、③観光誘致、④逸脱行為である。

①地域の発見とは、トレーナーが普段住んだり、働いたり、買い物したりする「日常生活に

＊１　先の図３－２は、ポケストップをタッチしたときに、得られたアイテムとタスク（ゲーム内で行える簡単な課題で達成すると報酬が得られる）を示しているが、これを自動で行ってくれるので、ゴプラの利用はたいへん便利である。

おける地域の発見」である。ポケストップは地域の構造物や史跡などに作られる。何もないと思われていた住宅街の小さな地蔵や祠（御嶽）がポケストップに指定され、そこに住む地域住民がそれを知ることができる。住宅街のみならず商業地区や観光名所について学習し、地域とその歴史を再認識できる。

②階層の可視化と交流とは、普段は交流することのない階層の人々を見れるようにし、コミュニケーションを取ることである（月曜から金曜まで日勤しているサラリーマンやOLにとっては、平日の午前11時のレイドに集まってくる人々の多さは驚きである）。日常生活では、多くの人々は自分が所属する階層の人たちと交流する。その階層にはその階層独自の思考法や文化、習慣、マナーがある。それがポケモンGOは普段の日常生活で出会えないような階層の人々との交流を可能にする。言わば、人間関係の新鮮だったり、おもしろかったり、トラブルの元にもなったりしている。人間関係の拡張というか、交流範囲の拡大を可能にしてくれる。

ポケモンGOでは、現実世界でトレーナーは移動し、ゲームを遊ぶため、ポケストップやジム、レイドで顔を合わせることになる。何回か顔合わせするようになると、自然に挨拶と会話をするようになる。ポケモンGOにはフレンド機能があって、ゲーム内で友達を作ることを推奨というか、友達を作らないとクリアできないゲーム内課題がある。つまり、トレーナー同士がゲーム内で「友達」になり、現実世界でも友達になるように設定されている。ポケモンGO

はさまざまな階層の男女、小学生から高齢者までによって遊ばれており、普段の社会生活では知り合うことのできない人々との交流を可能にした。インタビュー調査でも、「ポケモンGOをやって良かった点」として、その9割以上が「仲間や友達」ができたと回答している。

③観光誘致とは、ポケモンGOの限定地域イベントがトレーナーのグローバル規模での移動を可能にし、その移動が観光行動と結びつくことを指す。日本各地や世界各地で、不定期に開催されるイベント（多くの場合、Pokémon GO Safari Zone in……とされる）では、イベント限定のレアポケモンの捕獲やメダルの獲得、タスクのクリアを目指して、世界各地からトレーナーが訪れる。鳥取イベントでインタビューを行ったところ、「ポケモンGOのイベントがなかったら、鳥取には来ることはなかった」（長野県と大阪府在住の女性トレーナー）と答えており、地域イベントはポケモンGOのイベントをきっかけにその地域の魅力を知ってもらうには有効である。たとえば、地域限定ポケモンによる観光客の呼び込みなども考えられる。沖縄県では「サニーゴ」というポケモンが出現する。サニーゴの捕獲のためだけに来たという埼玉県在住の43歳の男性トレーナーとの出会いがあった。

④逸脱行為とは、ポケモンGOをプレイすることで、社会的なルールやマナーに違反し、時には事件になることを指す。歩きスマホ、路駐、不法侵入、公共施設や道路の一時占拠などのマナー違反が常態化している。また、ストーカー行為や交通違反、交通事故（死亡5人）、傷害

事件なども起こっている。課題点として、ポケモンGOを利用するトレーナーのモラル問題が生じている。

以上のように、たかがゲームアプリと言っても、良い点と悪い点があって、トレーナーに与える影響もさまざまである。ただ、ポケモンGOがこれまでのスマートフォンのゲームアプリとは違って、大きな社会的影響をもつことは理解できただろう。

4 「現実」を変える

(1) ネット記事

有名な巨大匿名掲示板『5ちゃんねる』(旧2ちゃんねる)には、「ポケモンGO板」が設置されていて、そこではポケモンGOに関する情報や意見、感想、批判、罵倒が飛び交っている。筆者は板ができたときからこの掲示板をROM(Read Only Member＝書き込みはせずに読むだけ)っている。考察を深める端緒として、投稿記事を見てみよう。この記事は、『【NIA】ポケモンGO Lv574【ポケゴ】』(https://krsw.5ch.net/test/read.cgi/pokego/1483363232/)という「ポケモンGO板」の本スレ(そのカテゴリーに関する掲示板のメインとなるところ)から引用させていただいた。名前の「ピカチュウ」は言わば「匿名さん」ぐらいの意味である。

①／名前：ピカチュウ　投稿日：2017／01／02（月）22:49:03.60
ポケゴってゲームと現実を融合？　させるんだけど
ゲームの世界に自分が入るアプリじゃなく
普段の生活の中にゲームキャラが出現するアプリなんだよな
ベースが生活だから現実の格差がそのままであって当然なんだけど、これを逆に捉えて公平
じゃないと不満をもっちゃってる人が多い気がする／

②／名前：ピカチュウ　投稿日：2017／01／03（火）00:25:32.79
ちょっと前にどっかのスレで読んだけど
ポケゴはゲームキャラで遊ぶスマホアプリだけとゲームアプリじゃないんだ
ってのがしっくりくるかな／

③／名前：ピカチュウ　投稿日：2017／01／03（火）00:40:43.36
現実世界で使うアプリ

散歩・買い物・通勤通学途中に現実世界を歩くゲームって事が言いたいんだよね
それはその通りだと思う
でも、地域格差は公平不公平の話であって、それとは全く別次元だね／

投稿者の①②③が議論していたのは、ポケモンGOにおける地域格差の問題であった。ポケモンGOでは、都市部に比べて田舎ではポケストップやジム、そしてポケモンが湧くポケソースが不足していて、ゲームを進めるのが不利なので、それを「地域格差」と呼んでいる。「なぜ地域格差が生まれるか？」という議論から、それはポケモンGOのマップが現実世界を模して作られているからという議論になり、ポケモンGOの世界と現実世界との「重なり」に言及している。言わんとしているのは、ポケモンGOってゲームアプリなんだけど、他のスマホのゲームアプリとは「違うよね」っていうことである。ポケモンGOが他のゲームアプリとは違うスマホアプリで、「ゲームと現実を融合？ させる」、「現実世界で使うアプリ」とはどういうことなのだろうか？ 「普段の生活の中にゲームキャラが出現するアプリ」が日常的な世界観（みなさんがもっている日常的な感覚と感じ方）にどのような影響を与えるのだろうか？ 答えは、ポケモンGOがトレーナーの現実認識を変更する力をもっており、彼ら／彼女らの「いま・ここ」を拡張しているのである。

（2） 世界を変える：「現実」の書き換え

従来、「現実／虚構」（本物と偽物）という枠組みで、物事が考えられていたが、近年デジタル技術の進歩によって、その議論は通用しなくなっている。これは筆者の見解であるが、ちょっと補足すると、1980年代までは、アナログの時代で、「現実／虚構」（本物と偽物）は比較的簡単に区別できた。1990年代にインターネットが普及し始め、2000年代以降デジタル技術が「加速度的に」というよりは「指数関数的に」発展・普及していくと、何が現実で何が虚構か、本物か偽物かという区別が簡単にはできなくなった。みなさんも、フェイクニュースやフェイク画像・動画を見たり、聞いたりしたことはあるだろう。予備知識もなく、それを受け取った人は「真実」だと思って、その情報を信じてしまう。それほど精緻に作られ、リアルに加工されている。

AR技術とVR技術、MR技術（Mixed Reality（複合現実）：CGなどで人工的に作られた仮想世界と現実世界の情報を組み合わせて、仮想世界と現実世界を融合させる技術）、メタバースなどが議論されるようになっている。そこではもう「何が現実か、虚構か」という問いを設定しない。現に、複合現実は日常化しつつあり、近未来では日常生活は複合現実化している（と筆者は予測している）。そうなれば、人々はデジタル世界で多くの時間を過ごし、食事や睡眠、排せつなどの行為は、人間の生命を維持するだけのインフラとなるだろう。これらの技術は、近未来の技術として注目されており、巨額の投資を呼び込んでおり、その市場規模はテレビを抜いて2025年に「1100億ドル（約12兆円）」（MoguraVR 2016年1月18日）になるという予測もある。

ポケモンGOはこの技術を利用して、ゲーム世界と現実世界が重なるように操作していた。先の①②③の議論は、ポケモンGOがこれまでとは違った「現実」を呈示し、現実のとらえ方・あり方を改めて考えさせられたということだった。ゲームの世界と日常生活の世界が重なり合い、日常生活で起こったことがゲームに反映される。また、ゲームの世界で起こったことが日常生活の世界に反映される。そこにはライフスタイルの変化や日常生活行動へのポケモンGOとの同期がある。たとえば、ポケモンを捕獲するために公園や町中での散歩を日常生活に取り入れたトレーナーや、出勤を30分繰り上げて通勤途中にあるジムを攻撃し、破壊して、自分の色（青、赤、黄色のうち1つを選択できる）に変えるのが日常となった男性、ジムを金ジムにするために毎晩深夜まで沖縄本島中南部のジム（軽く300を超える）を攻撃し占拠するため車でマップ内を回るOLトレーナー、ポケモンGOで知り合ったトレーナーとLINE友達になり友達や仲間たちと定期的に飲み会を開催するようになったトレーナーたち、普段は内向的でオタク的な男女がポケモンGOで知り合って付き合うようになったトレーナー・カップルなどの例を挙げることができる。

5　多元的な現実論で考える

A・シュッツは「多元的な現実（multiple reality）」を提唱した。シュッツは、私たちの「空想の世界」や「夢の世界」を1つの現実としてとらえている。多元的な現実には、夢の世界などのさまざまな多元的な世界の土台になる、究極的あるいは至高の現実として他の世界から区別される「日常生活世界」が「至高の現実（paramount reality）」として存在する。

しかし、インターネットとデジタル技術による「現実」の書き換えは、従来の「日常生活世界」のあり方そのものを一変させている。「現実／虚構」論は二項対立であるが、シュッツの多元的現実の概念を用いれば、AR世界も、VR世界も、人間が認識する世界の1つとして、1つの意味世界として、考えることができる。少し荒っぽく言えば、人間が知覚し、感じ、思い、考える世界は、AR技術やVR技術を用いていようといないとにかかわらず「現実」と認識される。意味領域で考えると、これまでの「日常世界の現実」があって、そこにAR技術やVR技術といったデジタル技術で意味付与された「現実」が、意味領域の重なり合いによって「日常生活の現実」となる。ポケモンGOのAR技術によって、出現したポケモンは、トレーナーがそれを「リアル」と認識すれば、「日常生活の現実」=「至高の現実」となる。デジタル技術は人々に何かをリアルと認識させ、現実と融合し、人間の現実から切り離せなくなっている。

ＡＲ技術やＶＲ技術といったデジタル技術によって意味付与・融合された「日常生活世界」が完成しつつあり、「至高の現実」である日常生活の世界そのものの意味内容を変更し、私たちの知覚・感情・思考を変えつつある。カナダのメディア学者Ｍ・マクルーハンは、テクノロジーやメディアは人間の肉体器官の拡張であると考えた。ＡＲ技術やＶＲ技術といったデジタル技術は、私たちの知覚や思考を拡張し、そこにないものを知覚させ、認識させる。

近い将来、インターネットとデジタル技術による「現実」の書き換えは次の変革をもたらすのではないだろうか？　日常生活のデジタル化である。「多元的な現実」が一元化され、「日常生活世界」に取り込まれていく。ＡＲ技術やＶＲ技術によって、夢や空想、欲望の世界が現実化する。そこには、新しい社会関係や社会観が生まれ、自明視され、常識となっていくだろう。ポケモンＧＯはそういう近未来の社会を少し垣間見せてくれる。たとえば、トレーナー同士はハンドルネームで呼び合い、相手のリアルネーム、本名が何かは気にしない。そういう関係のままで、国内外のポケモンＧＯのイベントに何泊もかけて出かける。そして、イベントを楽しみ、トレーナー同士と交流し、イベントが終わると、また仕事や勉強、家事育児といった日常生活に戻っていく。

6　おわりに

本章はポケモンGOを扱ったが、理論上、どのネットゲームでも、フィールドワークは可能である。まず1つ目は、ゲーム内のフィールドワークである。実際プレイヤーとなってゲームをしてそこで行われるプレイやコミュニケーションを観察し、記述し、分析する。フィールドワークで言うところの参与観察である。2つ目は、実際プレイヤーと会ってインタビューを行う方法と、対面や外部サイトへの誘導、チャット機能があるのならゲーム内でアンケートを行う方法などの、2つの方法がある。実際プレイヤーと会ってインタビューを行う場合は、オフ会やゲーム外での現実空間でのゲームイベントで知り合う、フレンド機能を使用して会う、ポケモンGOのような「位置ゲー」なら顔見知りになるなどで、直接会ってインタビューが可能である。

ネットゲームは、最新のデジタル技術が盛り込まれ、日々進化しており、プレイヤーは多くの情熱と時間を注いでいるので、その社会性に注目することで、おもしろい論文やレポートが書ける題材である。ここで言う社会性とは、あるゲームが「社会現象」となったり、ある地域では子どもたちにゲームプレイ時間の制限がもうけられたり、「廃人」と呼ばれるリアルな生活空間とネットのゲーム空間が逆転した人が多数生まれたり、「eスポーツ」が世界的に人気になって「億プレイヤー」が生まれたりと、ネットゲームと現実社会との接点のことを指す。

みなさんも、ネットゲームのフィールドワークに挑戦してみてはどうだろうか?

ワンポイントアドバイス

【スマートフォンはこう使え】

許可が必要な場合は許可をもらって、写真を撮っておこう。メモ機能も使う。録音も相手の許可を得て取っておく。必要がなかったならば後で削除すればよい。イベント体験や出会いなどは一期一会。その時には重要とは気づかなくて、整理・文章化する段階で記録していなかったことを後悔するかもよ。


【結論のまとめ方】

もし君/あなたが、社会学部の学生ならば社会学の理論・学説の成果、文化系学部の学生ならば文化人類学や文学の理論・学説の成果に結びつけて、フィールドワークを行い、結論をまとめると、「学術的」な感じに見えて「見栄えの良い」レポートや論文になるぞ(中身はフィールドワーク次第だ)。多少大風呂敷を広げてもいいかも。

参考文献

ゲーレン、アルノルト（1985）『人間――その本性および自然界における位置』池井望訳、法政大学出版局
畠山けんじ・久保雅一（2000）『ポケモン・ストーリー』日経ＢＰ
神田孝治・遠藤英樹・松本健太郎編（2018）『ポケモンＧＯからの問い――拡張される世界のリアリティ』新曜社
マクルーハン、マーシャル（1987）『メディア論――人間の拡張の諸相』栗原裕・河本仲聖訳、みすず書房
圓田浩二（2017a）「社会現象としての『ポケゴー』の分析――ポケモンＧＯの社会学①」『沖縄大学法経学部紀要』27号、19－32頁
圓田浩二（2017b）「『歩く』ことの復権――ポケモンＧＯの社会学②」『沖縄大学法経学部紀要』27号、33－45頁
圓田浩二（2018）「『ポケモンゴーパーク：横浜』にみる監視・管理から操作・誘導への社会学――ポケモンＧＯの社会学③」『沖縄大学法経学部紀要』28号、39－53頁
圓田浩二（2019a）「モンスター化する世界――ポケモンＧＯの社会学④」『沖縄大学法経学部紀要』30号、11－24頁
圓田浩二（2019b）「ポケモンＧＯ大規模イベントで地域興し・観光誘致は可能か――ポケモンＧＯの社会学⑤」『沖縄大学法経学部紀要』30号、25－39頁
圓田浩二（2022）『ポケモンＧＯの社会学――フィールドワーク×観光×デジタル空間』関西学院大学出版会
松岡慧祐（2016）『グーグルマップの社会学――ググられる地図の正体』光文社
宮昌太朗・田尻智（2004）『田尻智　ポケモンを創った男』太田出版
中沢新一（1997）『ポケットの中の野生』岩波書店
西田宗千佳（2016）『ポケモンＧＯは終わらない』朝日新聞出版
シュッツ、アルフレッド（1985）『アルフレッド・シュッツ著作集２　社会的現実の問題』渡部光・那須壽・西原和久訳、マルジュ社
鈴屋二代目タビー・井原渉（2016）『なぜ人々はポケモンＧＯに熱中するのか？』徳間書店
アーリ、ジョン（2015）『モビリティーズ／移動の社会学』吉原直樹・伊藤嘉高訳、作品社
アーリ、ジョン／ヨーナス・ラースン（2014）『観光のまなざし　増補改訂版』加太宏邦訳、法政大学出版局

FINDERS（2018.9.6）「世界１５０カ国で８・５億ＤＬ！社会現象にもなった『ポケモンＧＯ』集客力の秘密。日本法人代表・村井説人氏が語る独自戦略とは？」、https://finders.me/articles.php?id=374（２０２１年１月４日参照）
Forbesjapan（2018.7.10）「登場から２年の『ポケモンＧＯ』世界２０００億円の売上達成か」、https://forbesjapan.com/articles/detail/22004（２０２１年１月４日参照）
Forbesjapan（2018.9.26）「ポケモンＧＯ、売上20億ドル突破『歴代３位』の速さで達成」、https://forbesjapan.com/articles/detail/23153#（２０２１年１月４日参照）
Iphone-mania（2019.1.7）「ポケモンＧＯ、２０１８年の売上は約８６０億円　前年比35％増」、https://iphone-mania.jp/news-236850/（２０２１年１月４日参照）
辞典・百科事典の検索サービス - Weblio辞書、https://www.weblio.jp/content/%E6%8B%A1%E5%BC%B5%E7%8F%BE%E5%AE%9F（２０２１年１月４日参照）
株式会社イクセル（2019.8.1）「『Pokémon GO』〝#好きなようにＧＯしよう〟キャンペーン開始で楽しみ方の幅を広げるスペシャルサイトが公開！」、https://this.kiji.is/529376217120834657（２０２１年１月４日参照）
MoguraVR（2016.1.18）「ゴールドマン・サックス、今後10年でのＶＲ／ＡＲ市場の可能性を予測」、https://www.moguravr.com/goldman-research-vr2025/（２０２１年１月４日参照）
【NIA】ポケモンGO Lv574【ポケゴ】、https://krsw.5ch.net/test/read.cgi/pokego/1483363232/
日本経済新聞（2018.9.26）「ポケモンＧＯ　ヘビーユーザー捕獲　仲間と楽しむ魅力　進化」、https://www.nikkei.com/article/DGXKZO35714360V20C18A9H56A00/（２０２１年１月４日参照）
SensorTower（2019.6.21）「【売上情報】『ポケモンＧＯ』の全世界累計売上は約２８６０億円！　売上規模は前年比21％増！」、https://chinagamenews.net/market-info-178/（２０２１年１月４日参照）
財経新聞（2017.7.19）「ポケモンＧＯでのゲーム内アイテム購入金額、日本がダントツ」、https://www.zaikei.co.jp/print/386446.html（２０２１年１月４日参照）
4Gamer.net（2017.11.24）「ポケモン関連ゲームソフトの世界累計出荷本数が３億本を突破」、https://www.4gamer.net/games/383/G038332/20171124003/（２０２１年１月４日参照）

第4話

「アイドルファン」のフィールドワーク
――台湾のジャニーズファン

陳 怡禎

1　はじめに

（1）どうしてファンというフィールドに注目したのか

筆者はこれまでの研究活動を踏まえ、現在、大学でサブカルチャー論やアイドルファン文化について講義をしている。大学院の修士課程では台湾の20～30代女性ジャニーズファンを対象に、彼女たちがいかにして「ジャニーズ」という趣味をきっかけに女性同士の関係性を構築しているかを国内外でのフィールドワーク調査から明らかにしてきた。その成果を修士論文にまとめ、さらに集大成として『台湾ジャニーズファン研究』（青弓社、２０１４年）を刊行した。こうした経験を踏まえ、現在もなおファン研究のさらなる可能性を探り続けている。

筆者の講義の受講生からは、「自分自身がファンなので、ファン研究を行いたい」「アイドルについてレポートを書きたいがどのように分析すればいいかわからない」といった声が寄せられることが多い。どうやらアイドルを「趣味」としてしか捉えておらず、趣味について深く研究することに違和感を覚える人が多いようである。

このように卒論やレポートで「アイドル」や「アイドルファン」をテーマにして書こうと考

えている人は、少なからず自分自身がアイドルファンであるか、あるいはアイドルという「フィールド」に興味を持っている人だろう。そのため、分析者には「アイドルファン」に対して好意を持っている人が多いと考えられる。実際、筆者もその中のひとりであり、いわば「当事者」の立場から台湾のジャニーズファンを研究している。

当事者と研究者という二重の立場性を持っているため、分析者として盲点がないか不安を感じることもある。しかし「ファン仲間である」という当事者の立場でジャニーズファンにインタビューを行うことによって、暗黙の前提を共有し、半構造化インタビュー（後述）において円滑に話が進むことも少なくない。こうした点を踏まえれば、「ファン」という「フィールド」はきわめて特殊で、ある意味内向きな領域であると言えるだろう。

（2）ジャニーズファン・コミュニティについて

たとえば、研究領域としている「ジャニーズファン」のコミュニティは、一見するとカテゴリー化しやすそうなコミュニティに見える。しかし、このコミュニティのメンバー構成や組織内部の関係性等、実はきわめて複雑である。ファンの間には暗黙のルールもあれば、外部の人間ではわからない空気感もある。さらに言えばジャニーズファンたちがファン同士の関係性を大事に構築しているからこそ、部外者による参入や眼差しを極力排除する姿勢を見せているといっても過言ではないだろう。つまり当事者という立場をもって「ファン」というフィールドについて調査することは、メリットもデメリットもあるため、どのように適切な距離を保ってファンについてフィールドワークすれば良いのかは、ファン調査を行う際に最も心掛けないといけないことかもしれない。

この章では、筆者がどのように「当事者目線」を持ちつつフィールドワークを実施したのか、そして、どのような知見を得たかについて説明していき、ファン研究に興味がある学生に研究調査の実践手法の1つを提示したい。

2　調査に入る前の作業

まず、本節では実際にフィールドワークに入るまでの事前準備について段階を踏んで説明していこう。一口に「台湾のジャニーズファン」を研究したいと言っても、「なぜジャニーズファンなのか?」、さらに「なぜ台湾のジャニーズファンに注目するのか?」という点をしっかりと整理しない限り、研究としては成立しない。

筆者は「台湾のジャニーズファン」という当事者意識から出発し、まず台湾ジャニーズファンの特徴をリストアップする作業を試みた。そこで頭に浮かんだ特徴は以下の3点である。

① 20代から30代で、ある程度の社会関係資本や経済資本を持っている女性が多いこと
② アイドルに近づこうと時間や金銭面では莫大な努力をしていること
③ アイドルを「俯瞰」するような見方を取り、同じアイドルを応援しているファン同士がコミュニティを結成していること

(1) 先行研究を収集

このように、おおまかに台湾ジャニーズファンの特徴を羅列し、それらの特徴を念頭に置きながら、先行研究を集めて整理する作業に入った。社会調査でフィールドワークという手法を採用するといえば、どうしても「とりあえず、その現場に飛び込んで調査する」というイメージを強く持っている人も多いかもしれない。

しかし、筆者は現場入りする前に先行研究の整理をすることを推奨したい。その理由は、先行研究を調べることによって、より自分自身の研究枠組を明確にできるからである。

ここでいう先行研究とは、おおまかに2種類に分けることができる。1つ目は理論に関する

先行研究であり、もう1つは自分の研究関心（対象）についての研究蓄積である。フィールドワークに入る前に、まずはこの2種類の先行研究を集めることをおすすめするが、スケジュールがタイトな場合は、まず自分の研究関心に関する文献のリストを作ることを優先してほしい（その一方で、理論の枠組も考えないといけないが、筆者はフィールドワークを実施してから理論のマッピングを行うようにしている）。

では、図書館やネット上にきわめて膨大な資料が残されているなか、どのように効率的に先行研究を探すべきだろうか。まず論文や研究の方向性や領域を考えたうえで、いくつかのキーワードを出してみよう。

たとえば筆者は「台湾のジャニーズファン」に焦点を当てる際に、最も関連性の高い①「ジャニーズファン」というキーワードで資料を探索した。その後、②「K-POPファン」や「宝塚ファン」などの近い領域のファン研究に徐々に手を伸ばし、各領域の「ファン研究」を洗い出す作業を行った。

そして、「ジャニーズファン」というキーワードから発見された先行研究をまとめるという作業に取り掛かった。日本国内外のファン研究文献のなかでも、主な先行研究として参考にしたのが、日本のジャニーズファンを研究する辻泉による一連の研究である（辻 2004; 辻 2007; 辻 2012）。

たとえば、辻（2004）は若い女性によって結成されているジャニーズファン・コミュニティを観察し、彼女らのファン活動を緻密に描いている。辻の研究によれば、日本のジャニーズファンは「ファンである自身とアイドル」の関係性を最優先にし、同じアイドルを応援しているファン（同担）[*1]を避けるという行動を起こしている。また龐惠潔《パンケイケツ》は、インタビューを通して台湾のジャニーズファン・コミュニティの生態を明らかにし、コミュニティ内部にヒエラルキーが存在していることを指摘している。龐によれば、台湾のジャニーズファンには、同担回避の傾向が観察されず、むしろ「同担」がコミュニティを結成し、他のアイドルを応援するファン・コミュニティとの間では対立構造を作っていたという（龐 2010）。

（2）研究計画を練る

このように、まずは先行文献からファン・コミュニティ、なかでもジャニーズファン・コミ

*1　ジャニーズファン・コミュニティでは「同じアイドルのファン」は、「同担」と呼ばれているが、２０００年代の辻の調査では、ジャニーズファンは「同担」を避ける傾向を持っている。また、同氏の２０１２年の論文では、ジャニーズファンはファンとアイドルの関係性より、ファン同士の関係性の円滑化を重視するようになったとされる。

ュニティの活動や生態をある程度念頭に置き、下記の手順に沿って研究計画を練り始めた。

① 研究対象を選定する

アイドルファンに限らず、現在、各領域のファンがインターネットを利用して情報を集めたり、交換したり、ファン同士と交流したりすることは日常茶飯事だろう。台湾のジャニーズファンもその例外ではない。むしろ、海外のアイドルを選好する時点でインターネットを最も重要な情報収集手段として利用しなければならないと言える。筆者は台湾ジャニーズファンの当事者であるため、台湾のジャニーズファンが集うソーシャルメディアの存在をすでに認識しており利用もしていた。そのためこうしたSNSの利用経験から、どのように台湾のジャニーズファンにアプローチするのか、早い段階で決定することができた。

つぎにインタビュー対象者の選定手続きについて、簡単に説明しておこう。筆者が最初に接触したのは「PTT」という台湾で最大のインターネット掲示板の、ジャニーズアイドル「嵐」の専用掲示板[*2]の元管理人であった。その後、2010年6月に、この元管理人を含め、普段よく付き合っている4人のジャニーズファンの紹介を受け、彼女たちをグループAとしてグループインタビューを行った。

その後、スノーボールサンプリング（Snowball Sampling）[*3]という調査法を採用し、最初のグループの4人から1人ずつ、他の知り合いのジャニーズファンを紹介してもらい、2010年8月にグループB、C、D、Eにインタビューを行った。こうして合計13人の台湾ジャニーズファンへのインタビュー調査を実施することができた。

② 調査手法を選定する

せっかく「アイドルファン」というフィールドに飛び込んで調査しようとするのであれば、研究対象に対する1回限りのインタビューだけではなく、彼女／彼らの日常生活全体を視野に入れた参与観察を行うべきだと考えた。そこで台湾ジャニーズファンの日常を「時間軸」や「空間軸」から調査することを決めた。

そこで、まずは実際に台湾のジャニーズファンを観察できる場所をリストアップした。その当時、筆者は日本に住んでいたため、インターネット空間以外で、台湾のジャニーズファンは実際にどこに集まるのかといった情報については判然としない状況だった。そのため、自らの

＊2　2019年9月に調査した時点で、「PTT」では、「嵐」を含めて、各ジャニーズアイドル・グループの専用掲示板が合計14個も設立されていた。台湾でのジャニーズアイドルの人気や知名度がうかがわれるだろう。

＊3　「スノーボールサンプリング」とは調査法の1つであり、既存の調査対象から次の対象を紹介してもらい、同じ調査を実施するという手法である。

ジャニーズファンという当事者意識も活かしながら、ひたすらに情報収集を行った。たとえば、筆者はアイドルが出演しているテレビ番組を視聴したり、アイドル情報雑誌やCDを購入するために書店やCDショップを訪ねたりすることがある。もちろんアイドルのコンサートにも足を運んだ。そこで、「ならば台湾のジャニーズファンも同じようなファン活動をしているかもしれない」という見当をつけた。そして前述のインターネット掲示板から情報を得て、ジャニーズファンが経営するファン向けのカフェがあることを知った。そこで、そのカフェ内部でのファンコミュニケーションをフィールドワークして、そこからファンの日常生活を記録しようと考えたのだ。

③ 仮説の構成

前述したとおり、筆者は「台湾ジャニーズファンに対する印象」を羅列したうえで先行研究を集める作業に入った。自らが持つ印象を第1段階の仮説として、先行研究の調査結果を比較しながら、頭の中に浮かんだクエスチョンを再度整理し、自身の仮説を構成した。すなわち、この段階での仮説構成は、その後のフィールド調査を通して疑問を解いていく旅に出る前の「マップ作り」の準備段階だと言えるだろう。

たとえば、筆者は台湾のジャニーズファンの特徴をまとめ、先行研究と照らし合わせた結果、日本のジャニーズファンと比べて、台湾のジャニーズファンのボリューム層は、高い社会関係資本を持つ20~30代女性であることがわかった。また女性ファンが経験する「関係性」に関する先行研究から、台湾ジャニーズファンはファン同士の関係性を重視していることを想定した。この段階では、「台湾ジャニーズファンに20代後半から30代、さらに40代前半の女性が多いのは、台湾における日本文化の受容の歴史に関連があるのではないか」という仮説を立てることができるのだ。

こうして「わかったこと」や「こうだろうなと思うこと」を挙げてから、次は「まだ研究されていないが、明らかにしたいこと」を考えていく段階に入ろう。

たとえばファン研究においては「ファン同士」や「ファン対アイドル」の関係性が注目されてきたが、一方で「アイドル同士の関係性」についてはあまり注目されていない。すると、「ジャニーズファンは、どのようにアイドル同士の関係性を読み取っているのか」という点が、まだ十分に検討されていないということになる。そのため、筆者は「遠隔の地にいるジャニーズアイドルを応援する台湾のファンたちが俯瞰的な見方でアイドル同士の関係性を観察し、そこからファンとしての快楽を獲得しているのではないか」という仮説を立てることにしたのである。

ここでは、一部の事例しか紹介できないが、このようにわかったことへの検証と、明らかにしたいことへの問題提起に基づき、相当な数の仮説設定ができると思われる。このように仮説を立てる作業は、実際の調査に入る前の非常に大事な工程だ。仮説を設定することによって、インタビューの質問方向も明確にでき、またフィールドワークを行う際にも注意深くデータを整理、取捨選択することができる。

3　フィールドワークの実施

言うまでもなく、フィールドワークは定性的調査法、あるいは質的調査法の1つである。アンケートを取って統計数値をまとめて数字を分析するという手法を採用する定量的調査法と異なり、調査者自身が調査対象に接触し、そこから情報データを収集する方法を採用している。佐藤郁哉はフィールドワークの方法論について詳しく解説する『フィールドワーク――書を持って街へ出よう』という著作の中で、定性的調査法について以下のように述べている。

主に、インフォーマル・インタビューや参与観察、あるいは文書資料や歴史資料の検討などを通して、文字テクストや文章が中心となっているデータを集め、その結果の報告に際しては、数値による記述や統計的な分析というよりは、日常言語に近い言葉による記述と分析を中心にする調査法。（佐藤 2006: 84-85）

つまりフィールドワークを含めた定性的調査法、あるいは質的調査法ではデータを数値化し、1つの答えを見つけ出すというよりも、多様性のあるデータを大切に扱い、その個々のデータについて解釈を付ける作業が最も重要視されていると言えるだろう。

また岸政彦がフィールドワークについて「さまざまな方法をミックスして対象を総合的に理解し分析するための方法」（岸 2016: 16）と定義づけているように、筆者は台湾ジャニーズファンに対し、さまざまな調査方法を利用して総合的に分析を進めていった。たとえばインタビューやファンコミュニケーションが行われる現場への参与観察をメインに行いながら、ファンが集まるインターネット掲示板での書き込み、掲示板ルールを明示する文書など、台湾ジャニーズファンに関連する資料を全般的に収集し検討する作業を並行して行った。

以下では、筆者が具体的にどのように調査を行っていたかについて説明をしよう。

（1）調査依頼を丁寧に行う

ファンに調査を依頼するのは、じつは想像より難しいと言える。なぜならばファンは自らが所属しているファン・コミュニティを大切にし、外部の者からの好奇の眼差しを排除しようとする傾向があるからである。

たとえば、ジャニーズファン歴20年以上と公言するお笑い芸人・松本美香は自虐的に、自分のような「30代」、「独身」、「ジャニヲタ」の「三重苦」女性は社会的に「負け犬」や「メスブタ」などの厳しい目線を浴びていると告白している（松本 2007）。また、ジャニーズアイドルが台湾に訪問する際に、大勢の台湾ジャニーズファンが空港に詰めかけ、黄色い歓声を上げながらスマートフォンやカメラで撮影し続けるという光景がしばしば見られる。これに対して台湾現地のマスメディアは「暴動」や「大混乱」などの言葉を用いて記事にしている。

このような事例から「ファン」に対する社会の視線は、しばしばネガティヴなものであることがわかるだろう。もっとも、近年は学術研究だけでなく、社会からの視線においてもファンを病理的対象として捉えることは少なくなってきた。しかし、それでもなお、肯定的であれ否定的であれ、社会にはファンに対する「好奇の眼差し」がいまだ根強く残っていることは事実だろう。

実際、筆者もファンに調査を依頼しようとした際に「見世物ではないから研究されたくない」「調査と言っても批判するつもりでしょう」との理由で、断られたことがある。この時に、丁寧に自らの研究動機、目的を説明し、研究成果はどこで公開されるか、得たデータをどのように取り扱うかについても、なるべく詳しく説明しなければならない。また筆者の場合は「当事者としての研究者」であるため、最初から調査対象に対し「ファン・コミュニティの完全なる部外者ではない」という姿勢を見せることも心がけた。このようにファンというフィールドに入るには、まず誠実かつ友好的な態度で、はっきりと自分の研究目的を相手に伝えることが重要なのだ。

(2) フィールドに入る：インタビュー

以上のような経緯を経て、ようやくフィールドに入る段階に突入する。研究当時（2010年）、筆者は日本に住んでいたため台湾のジャニーズファンへの調査を実施できる期間は限られていた。そのため事前に調査対象（女性ジャニーズファン13名や、台湾のジャニーズファンが経営しているファン向けの専門カフェ）にアポイントメントを取りながら、台湾へのフィールドワークスケジュールを決めていった。

2000年当時、台湾におけるKinKi Kidsの人気はすさまじいものだった。彼らはジャニーズ事務所の台湾進出以来、ジャニーズアイドルとして初の台湾コンサートを開催し、同時にグッズ販売も行っていたため、日本の芸能人として前例のないほど人気を集めた。それ以降、V6や嵐などのジャニーズ・アイドルグループは、2019年まで、ほぼ年1回から2回の頻度で台湾コンサートを行っている。筆者が調査を行っていた2010年は、ちょうどKAT-TUNが台湾を訪問し、初の海外ライブを開催することが発表されていた。そこで筆者は、その開催日程に合わせて台湾に向かい、フィールドワークを実施することにした。

さて、実際にインタビューを実施するには、事前に大まかな質問項目を決めておかなくてはならない。調査後にデータをまとめる際に、自分への負担を軽減するためにも必要だ。もちろん、フィールドワークは、調査対象から直接得た証言以外に、そのフィールドの空気感や出来事、調査対象の仕草等、すべてがデータになるところが魅力でもある。しかし、膨大な資料を手に入れることができる半面、データの多さによって作業量が増えたり、自分自身が困惑する場合もある。こうしたコストを削減するためにも、ある程度は事前に質問項目を整理しておくことで、効率的に論文作成ができるのだ。

実際に筆者が行ったインタビュー方法は、いわゆる「半構造化インタビュー調査法」と呼ばれるものである。半構造化インタビューは、年齢、出身、仕事、ファン歴、ファン活動等、押さえておきたいポイントを大まかに決めて、インタビューの会話の展開によって、質問の表現や質問するタイミングを変える、という手法である。

筆者はファン同士の関係性に関心を持ったため、同じコミュニティに所属しているファンにグループインタビューを行うことにした。ファン同士が集まると自然に盛り上がって話が進んでいため、その会話に応じて適宜質問を追加したり、質問をやめてファン同士の間のコミュニケーションを観察したりした。このように柔軟に対応することで、予想外の収穫も得られるだろう。

(3) フィールドに入る：ファンが集う場所で参与観察する

インフォーマントにグループインタビューを実施してから、彼女たちから得た情報をもとにジャニーズアイドルの関連商品を扱っている専門店のうち2店舗に絞り調査を行った。たとえば「店に入ってきた客は1人で入ってくるか、グループで入ってくるか」、「誰かに声をかけているか」、「どのようにアイドルの関連商品を手に取っているか」など、ひたすら目に入ってきた光景すべてを記録としてフィールドノートに残すことにした。そのデータを他の場所で取っていたフィールドノートの記録と照らし合わせることで、アイドルグッズ専門店での台湾ジャニーズファンのコミュニケーションを明らかにする材料ができた。

また、筆者自身も台湾で行われたジャニーズアイドルのコンサートに出向き、直接にファンの活動を観察した（その際に、筆者は観客としてコンサートを楽しみつつ観客席から会場全体の雰囲気を観察した）。筆者は事前に、過去に、ジャニーズアイドルが訪台した際の新聞記事やインターネット掲示板にあげられたファンの書き込みから、台湾のジャニーズファンにとって、コンサートは観に行くものではなく、参加し、存在をアピールする場であることを仮説として設定していたが、実際にその仮説をコンサート会場での観察や記録によって検証することができた。

たとえばKAT-TUNのコンサートでは、ファンが自発的な応援活動を行っていたことが観察できた。一部の熱心なファンは事前にインターネットを通じて応援活動の内容についてアナウンスを行い、コンサート当日には会場の内外でその概要を記したチラシやペンライトを配っていた。その結果、会場にいる1万人のファンはアンコールの時間帯に配布されたペンライトで「KAT-TUN」の文字を作り、メンバーにその文字を見せることに成功した。終演後に会場外の風景を観察すると、ファンはコンサートの内容以上に、「自分たちがやっている応援活動をKAT-TUNに見せることができ、メンバーを感動させられた」という事実に興奮している様子が見受けられた。

(4) フィールドに入る：ファンが行うイベントで参与観察する

また筆者は、台湾・台北市内にあるジャニーズファンが経営するファン向けのカフェ（以下、ジャニーズカフェ）の店主に調査依頼を行い、複数回そのカフェを訪問してフィールド調査を行った（図4－1）。まずカフェ自体の立地外観や内装を、できる限り文字や写真、動画などの手段を用いて記録に残していった。そして店主に許可を取り、店を訪れた客に声をかけることにした。

もちろん、いきなりインタビューを行えば相手を驚かせてしまうので、あらかじめ自分の研究動機や目的、所要時間を説明したうえでラフに話を聞くことを心がけた。信頼を得ていない状態で唐突にインタビューするのではなく、その空間でのコミュニケーションを観察することが目的であるため、必要以上に会話をする必要はない。ただ、そうはいってもカフェのなかで透明人間のように立ち尽くしていたら、相手に不信感を与えてしまう。空間内部の客同士、または店主と客のやり取りを客観的に観察することもほぼ不可能だろう。バランスをとりつつ観察を行っていく必要がある。

このジャニーズカフェの参与観察では、店主の好意でカフェの営業スケジュールを教えてもらい、アイドルグループ「嵐」の二宮和也の誕生日を祝うイベントにも参加させてもらった。参加者のプライバシーに配慮しつつ、誕生日会の光景や誕生日会に参加しているファンの様子もフィールドノートや写真として記録に残した。楽しい誕生日会のため完全に調査者として無言でファンを観察するのも場の雰囲気を壊してしまう。その空間に馴染むこと、

図4–1　台北市内にあるジャニーズカフェ

出所：筆者撮影。

つまり「参与しながら」観察することを心がけた。

ここで注意しておきたいのが、「参与観察」という研究手法を採用する際に最も難しい、研究者と調査対象との距離感をいかに保つかという点である。言い換えれば、当事者としてファンというフィールドに飛び込んで調査する以上、調査者が完全なる部外者でいることは不可能である。しかしながら、調査者が完全に「内部の人間」になってしまうと、研究調査に盲点が生じてしまう。そのため自分の存在や参入は、その場の空気や関係性の変化にどのような影響をもたらすかを常に意識しながら、研究者自身の言動も記録することを心がけると良いだろう。後日にデータを整理し考察する際には、その記録も貴重な分析資料となるはずである。

4　データ整理・分析

フィールドワークが終わったらすぐにデータをまとめよう。大きく時間が空いてしまうと、フィールドノートに書き留めた文字データや録音データ、撮影記録から、現場の雰囲気などの非言語的な情報が薄れてしまうからである。フィールドワークを緻密に行えば行うほどデータが膨大になるため、毎回のフィールドから帰るときにすぐに作業をしたほうが良いだろう。どのようにそのデータを整理するか、以下では、筆者のまとめ方を順に沿って紹介する。

（1）データをデジタル化し、資料の性質に沿って分類作業を行う

筆者は文字のみならず、音声、写真、動画、さらにジャニーズアイドルの台湾コンサートで配られたファン活動の宣伝チラシや、銀テープなどコンサート会場で拾った落下物をすべて台湾から日本に持ち帰った。性質によって紛失や破損するデータもあるため、デジタル化してパソコンやハードディスクに保存した。

また前節で述べたように、主にインタビューやファンが集う場所への参与観察を実施した。そのため筆者はまずフォルダーを「インタビュー」と「参与観察」に分けてそれぞれデータを保存した。さらに5つのグループインタビューを行ったため、「インタビュー」フォルダーの中に、さらにグループごとのフォルダーを作っていった。それぞれの調査を行った際に得た録音データやその場で取った文字資料等を含めてグループ分けして保存をした。参与観察のデータもこのような手順でデータを分類する。

（2） 印象に残るデータを選出する

分類作業が終わったら、次は最も時間がかかる文字起こし作業を行う。文字起こしの作業は、実際の録音時間よりもかなり多くの時間がかかる。複数のインフォーマントへインタビューを行うため、なかには脱線してファン同士の雑談になってしまう場合もある。しかし、こうした雑談も含めて、根気よくすべての録音データを文字起こしすることを勧める。

その理由は2つある。まず録音データから調査対象の会話だけではなく、話す人の口調、声の抑揚の変化など調査現場で気づかなかった非言語の要素に、文字起こしの際に気づくことができるからである。そのため文字起こしをする際にできる限り、その非言語の表現も原稿に入れたほうが、のちの分析に役立つだろう。もう1つの理由は、今後のさらなる研究分析のために、たとえ現在使わないデータであっても、ファン同士の雑談などは蓄えておいたほうが良いからである。

また、筆者は文字起こし作業を行いながらおもしろいと思う箇所にマークをつけたり、キーワードをつけて分類してみたりする工夫も行った（実際に調査を実施した際に、その瞬間に「使える」と思う箇所があったら、すぐノートに印をつけたほうがのちの整理作業にも役に立つ）。

一例を紹介しよう。複数の台湾ジャニーズファンへのインタビューデータのなかで、彼女たちが「日本の発売日当日にCDを手に入れたい」、「インターネットを使ってリアルタイムで日本のテレビ番組を視聴している」といった発言をしていることが確認された。つまり、これらの発言から彼女たちが「日本時間」を強く意識していることがわかったのだ。そこで筆者は「日本時間」というキーワードをつけてそれらの発言を選出してまとめた。このようにキーワードをたくさん作ることによって、分析や論文作成した際の情報検索や抽出を効率的に行えるという利点だけでなく、作業中に頭の中の概念整理もできるようになるはずである。

(3) 仮説と照らし合わせて検証する

さて、文字起こしとカテゴリー作業が終わったら、つぎはフィールドに入る前に立てた仮説を検証していく。前述したように、筆者は以下の2つの仮説を立てた。

① 台湾ジャニーズファンに20代後半から30代、さらに40代前半の女性が多いのは、台湾における日本文化の受容の歴史に関連があるからではないか

② 遠隔の地にいるジャニーズアイドルを応援する台湾のファンたちが俯瞰的な見方でアイドル同士の関係性を観察し、そこからファンとしての快楽を獲得しているのではないか

以上の仮説を検証するため、ここまで整理してきたキーワードによって分類されたフィールドノートの記録――ファンの発言や現場記録の断片――を抽出し、検証する作業を行った。

今回の場合は、上記の2つの仮説を検証した結果、つぎのような知見を得ることができた。まず1つ目の仮説に関して、調査対象の「ジャニーズファン歴」から、みずからを「哈日族」[*4]と自称し、ジャニーズアイドルだけではなく日本の文化商品も全般的に愛好し消費する発言が確認された。また2つ目の仮説に関しては、ファン歴や好きなアイドルが異なっているが、ほとんどのジャニーズファンは、しばしばアイドル・グループメンバーの仲の良さを最も重要視するような発言をしていた。以上のデータから、筆者がはじめに設定した仮説が例証されたのである。

このようにデータを通して、事前に立てた仮説が成立するかどうかを緻密に検証していこう。これはパズルのピースを探し集め、1つの絵として完成させるイメージに近い（一方、なかなか適切なピースが見つからなかった場合は、仮説が成立しにくいと判断しパズルを諦める勇気を持とう）。

（4）検証途中にさらに発見したもの

フィールドに入る前に立てた仮説を検証するなかで、新たな発見も出てくる。たとえば、フィールドワーク中に、台湾のジャニーズファンが頻繁に「可愛い」という言葉を使い、ジャニーズアイドルを形容していたことがわかった。実際、日本語の「かわいい」と似たようなニュアンスを持つ「可愛」という中国語が存在しているが、台湾においてこの言葉は、さまざまな場面でも使われる。日本文化を強く受容する台湾社会では、とくに「日本式のもの」を愛好する際にしばしば使われていると見られる。そこで筆者は「可愛い」というキーワードでデータのファイリングを進めた。しかし検証作業に入った際に、それらの「可愛い」の水準が、実際に会話のコンテクストによって異なる意味を持つことに気づいたのである。ここでは、いくつかの発言を例として挙げてみたい。

(a) 同担を受け入れるのは、自分の担当はどこが一番可愛いのかが共有できるからいっそう楽しくなれるじゃないのって考えるわけだね。(インタビュー調査より)

(b) ニノ誕生日おめでとう、相葉ちゃんに苦情するニノちゃん可愛い(インフォーマントが嵐の

＊4 「哈日族(ハーリーズー)」とは、日本の文化商品を全般的に選好する台湾の若者を指す。90年代に入ってから台湾政府が日本語のメディア商品の放送を解禁したことをきっかけに、長年アンダーグラウンドで流通していた日本文化商品に対して強く憧れる若者が台湾のなかで目を引く存在となり、「哈日族」と名づけられて注目を集めるようになっていた。

メンバー二宮和也の日記を翻訳しネット掲示板に投稿した際に、他のファンからの反響を記録したフィールドノートより）

上記の発言から、台湾のジャニーズファンはアイドルに対して「可愛い」という言葉を使っていたが、ただしその「可愛い」が意味する内容は状況によって異なるということがわかった。つまり同じ「可愛い」という言葉でも、コーディングしなおさなければいけないということである。

というのも、1つ目の発言からはインフォーマントが「同担」を受け入れる理由として「（そのアイドルの）可愛さ」を共有できることを重視していることがうかがえる。つまり彼女にとって「アイドルを見てアイドルを可愛いと思うこと」と同時に、ファン同士で「アイドルについて可愛いと発言し、同意してもらえること」もまた、同程度には楽しいことと感じられているという可能性がある。つまり、ここでの「可愛い」という言葉の使用は、ファン同士の感覚の共有を促進する要素として解釈できるのである。

一方で、2つ目の記録では「可愛い」という形容の対象がアイドル個人の外見や行動ではなく、アイドルと他のアイドルとのコミュニケーション、彼らの「関係性」であることが推察できる。つまり、ここでは「可愛い」の文脈が、「ジャニーズのアイドル同士の関係性」に対する形容であることがわかるのだ。こうした点を踏まえると台湾のジャニーズファンは、ただアイドルの可愛さを愛でるだけではなく、「アイドル同士の関係性」をも消費しつつ、その消費行動を通して「ファン同士の関係性」を構築していることがうかがえるのである。

このように事前に立てた仮説を丁寧に考察し、途中からどんどん新しい発見をし、そこから持っている疑問点を1つずつクリアにしていくことを心がけよう。当初の問題関心だけでなく、想像をはるかに超えるものも見えてくる。最終的にこれらを組み合わせることで、ストーリーを論理的に構成させていく。これがフィールドワークのおもしろさであり、醍醐味だろう。

5 おわりに

本章では筆者がどのように当事者として「ファン」というフィールドに入って調査を行ったかを述べてきた。当事者だからこそ調査しやすいというメリットや、当事者だからこそ直面するかもしれない盲点も併せて説明してきた。実際にフィールドワークの作法は多種多様だが、ここでは筆者が実際に行った調査手法を提示した。この事例を踏まえて、ファン研究のフィールドワークに興味があるものの、躊躇してしまうという読者たちにとって、一歩踏み出すきっかけになることを願っている。

ワンポイントアドバイス

ファン・コミュニティを調査するうえで、いかにそのコミュニティに溶け込めるかは重要なポイントとなる。予備調査段階からとにかくコンサート会場やその周辺のカフェなど、ファンが集うであろう現場に足を運んでみよう。目に入るファンの集まり方や、ファンの言動、ファッション、さらに耳に入るファンの雑談など、すべてが貴重なデータとなる。まず「ファン」というフィールドに入って、ファンに出会い、そこから「ファン」のおもしろみを感じたうえで調査をスタートさせよう。

参考文献

陳怡禎（2014）『台湾ジャニーズファン研究』青弓社

岸政彦（2016）「質的調査とは何か」岸政彦・石岡丈昇・丸山里美『質的社会調査の方法──他者の合理性の理解社会学』有斐閣

松本美香（2007）『ジャニヲタ　女のケモノ道』双葉社

龐惠潔（2010）「ファン・コミュニティにおけるヒエラルキーの考察──台湾におけるジャニーズファンを例に」『東京大学大学院情報学環紀要』78号、165－179頁

佐藤郁哉（2006）『フィールドワーク──書を持って街へ出よう　増訂版』新曜社

辻泉（2004）「ジャニーズ・ファンは〝遊べているのか〟」宮台真司・鈴木弘輝編『21世紀の現実──社会学の挑戦』ミネルヴァ書房

辻泉（2007）「関係性の楽園／地獄──ジャニーズ系アイドルをめぐるファンたちのコミュニケーション」東園子・岡

井上崇之・小林義寛・玉川博章・辻泉・名藤多香子『それぞれのファン研究――I am a fan』風塵社

辻泉（2012）「『観察者化』するファン～流動化社会への適応形態として：ネットが創る新しい社会」『アド・スタディーズ』40号、28－33頁、http://www.yhmf.jp/pdf/activity/adstudies/vol_40_01_05.pdf（最終閲覧日２０１９年10月24日）

第5話

「鉄道愛好家」のフィールドワーク
——インタビュー調査と「ズレ」の意味

塩見 翔

1　はじめに

現在、鉄道を楽しむさまざまなタイプの人々が存在することは広く知られていると思う。自分自身が「鉄オタ」だという人も少なからずいるだろう。また知識はなくても鉄道に乗ることに楽しさを感じるから、私も鉄道好きだという人もいるだろう。もし自分はそうではないし、身近にそうした人がいないという人でも、インターネットを通してその存在を知っていたり、鉄道の写真を撮る人（「撮り鉄」と呼ばれる）を見たことがあるということもあるかもしれない（図５－１）。

図5–1　引退する車両を撮影する「撮り鉄」

出所：筆者撮影。

鉄道を楽しむ入り口は、鉄道をテーマとしたネット動画、ネット記事、鉄道好きの芸能人が出演するテレビ番組などさまざまだ。鉄道を楽しむことにはゆるくて広い裾野がある。

本章では裾野の広い鉄道を楽しむ文化を、ポピュラーカルチャーとしての鉄道趣味ととらえてみたい。

「鉄道趣味」という呼び方は、明確な趣味意識をもっている人や、「撮り鉄」のように典型的と思える行動をとる人たちをイメージさせるかもしれないが、ここでいう鉄道趣味には、乗ることに楽しみを見いだす、鉄道を見る、写真や動画を撮る、鉄道模型やおもちゃで遊ぶ、そしてインターネットで鉄道を楽しむといったさまざまな角度、さまざまな関わり方を含めている。

2 鉄道趣味の成り立ちと担い手

(1) 鉄道趣味の成り立ち

広いジャンルにまたがる鉄道趣味がどのように成り立ったのか、その歴史を簡単に押さえておこう。社会学者の辻泉は歴史的に少年たちの鉄道への関心がどのように変化してきたのかをまとめ、男性たちによる鉄道趣味文化の根底には、近代国家の建設にとって必須である科学技術への関心があったと指摘している。とりわけ少年たちは科学技術への関心を養い、実物と同様のメカニズムを持った鉄道模型を自作すること、さらにその模型が技術的にも独創的で実物に先んじることが推奨されていた。科学技術と結びついた鉄道への関心は、第二次世界大戦直後にかけての少年たち、および大人になった男性鉄道趣味者によって担われていた(辻 2018)。

1950年代から1960年代前半ごろまでの時期には、鉄道趣味の全国組織の成立、複数の鉄道雑誌や鉄道模型雑誌の発刊、大衆化しつつあった大学での「鉄道研究会」の増加など、鉄道を趣味として楽しむツールが整っていった。特に1960年代後半には、現役からの引退が迫ったSL（蒸気機関車の略称）をテーマとした写真集や走行音のレコードが発売され、自ら写真撮影や走行音の録音に出かける人々が急増する「SLブーム」がおとずれた。

SLの引退後も、1970年代後半には小学生の少年たちの間で寝台特急を中心として鉄道写真撮影やグッズ収集の対象とすることが流行し、「ブルートレイン・ブーム」と呼ばれた。鉄道模型もより小型で低価格の既製品によって一定の広まりを見せるようになった。いずれのブームも、男性たちを中心とした鉄道趣味の拡大につながった。

（2）「乗り鉄」と現在の鉄道オタク

「乗り鉄」とも呼ばれる鉄道旅行趣味も歴史が古い。その始まりを確定することは難しく、鉄道が普及して旅行が一般化する過程で「乗る楽しみ」も見いだされていったと考えられる。戦後についていえば、1950年代には乗り物好きとして知られる作家の内田百閒が鉄道旅行記の「阿房列車」シリーズを執筆している。1970年代には国内旅行ブームや先にふれた鉄道趣味のブーム、鉄道紀行作家の宮脇俊三や、鉄道旅行の指南書を著した種村直樹などの活躍もあって鉄道旅行を趣味とする人々も増加した。

インターネットが普及した後の２０００年代に、オタク文化がネットを中心に広く周知されることでオタクという存在はだいぶ「ポップ」なものとなった。鉄道や鉄道趣味についても個人の情報発信に加えてマス な出版・放送メディアで取り上げられる機会が増え、[*1] 女性も含めた「鉄道オタク」がポピュラーカルチャーの１つとして取り扱われるようになった。

（3）呼び名

鉄道趣味の担い手は「鉄道オタク」、略して「鉄オタ」と呼ばれる。しかしこの呼び名が使

＊1　マスコミでは、２００４年5月から6月にかけて、宮脇俊三の『最長片道切符の旅』に範をとった旅番組である「列島縦断　鉄道１２０００キロの旅〜最長片道切符でゆく42日〜」（旅人：関口知宏、本放送：ＮＨＫ ＢＳｈｉ、再放送およびダイジェスト版：ＢＳ2、ダイジェスト版のみ：ＮＨＫ総合）が、放送期間中の毎朝、旅程に含まれる各地の駅からの生中継で放送された。本編以外に特番がＢＳおよび地上波で放送されたほか、国内・海外の鉄道を舞台に続編も制作される人気を得た。同年11月には、菊池直恵のルポマンガ『鉄子の旅』（『週刊ビッグコミックスピリッツ増刊ＩＫＫＩ』『月刊ＩＫＫＩ』で２００２年〜２００６年連載）の単行本（IKKI COMIX）が刊行され（11月）、女性鉄道ファンを指す「鉄子」の呼称が広まるきっかけとなった（同語彙は２００７年の「ユーキャン新語・流行語大賞」にノミネートされた）。

図5–2　NHK「鉄オタ選手権 阪急電鉄の陣」オープニング映像

出所：2020年1月29日放送。

われるようになったのは１９９０年ごろからだ。日本で鉄道が最初に開通したのは１８７２年であり、鉄道趣味の歴史も１００年を越える積み重ねがある。鉄道趣味の中でも男性を中心として鉄道写真撮影や鉄道旅行が活発になったのは１９７０年代から１９８０年代にかけてであり、その当時は「鉄道ファン」や「鉄道マニア」といった呼び方が最も一般的だった。

「オタク」（当初は「おたく」と書いた）という語が「オタクの青年」による殺人事件をきっかけに広まったという経緯もあり、新しく登場した「鉄道オタク」という呼び名にはネガティブなイメージがあった。しかし２０００年代に入って「オタク」のイメージはより肯定的なものとなり、現在ではＮＨＫの放送番組に「鉄オタ選手権」というタイトルが付けられるほど「鉄道オタク」「鉄オタ」という呼び方は一般化している（図5－2）。

ただし、鉄道趣味に関わる誰もが「鉄道オタク」という呼び名を肯定しているとは限らない。「オタク」という語のネガティブなイメージの強さを経験している世代にとっては不快な感情を呼び起こす可能性があることには注意したい。*2

3　インタビュー調査

（1）筆者の関心とインタビュー調査

ポピュラーカルチャーとしての鉄道趣味の担い手には「鉄道オタク」だと自認する人から、自分の「趣味」といった意識はないが、鉄道で旅行することが楽しいという人までが含まれていて、活動内容も多種多様だ。筆者は彼らの趣味の経歴や関心、自分自身を鉄道趣味という世界でどのように位置づけているのかを深く知る方法として、さまざまな人物へのインタビュー調査を継続的に行ってきた。

鉄道趣味の幅広さゆえに、大学の「鉄道研究会」のようなコミュニティに属する人たちから、

＊2　同じ鉄道趣味の中に「撮り鉄」「乗り鉄」をはじめとする多くのサブジャンルが成立しており、自身をたんに「鉄オタ」とするのではなく、「〇〇鉄」と呼ぶことでどのような種類の鉄道趣味をしているのかを示すことができる。また新たな「〇〇鉄」というジャンルを自称することも可能だ。たとえば村井美樹（2012）による「ソフテツ」（「ソフトな鉄道ファン」）という名乗りは、マニアックな鉄道オタクの対極をイメージさせる。こうした位置取りの多様さは、鉄道趣味のポピュラーカルチャー性を示している。

コミュニティには属さず個人的に鉄道を楽しむ人たちまでが存在する。彼らに接触する方法としては、外部に対して何らかの情報発信が行われているコミュニティであれば、その存在を把握して、コミュニティへ、さらにそれを構成する個人へとアクセスすることができる。

いま現在コミュニティに属していない個人へのインタビュー調査では、まず個人として鉄道についての情報発信をしている人物に接触するとか、鉄道関係のイベントに参加した人たちにイベント内で接触することもできる。

時には鉄道とは無関係のことで知り合った人物や、「○○さんは鉄道が好きだ」という伝聞を元にして、知り合いの知り合いを紹介してもらうといったやり方でインタビューを依頼したりもした。この場合は趣味に関してどのような人物なのか十分な事前情報を得られるとは限らない。場当たり的ともいえる方法だが、趣味という認識の薄い人たちに接触できるという点では有効だろう。

(2) Aさんへのインタビュー

ここからは筆者が行った鉄道趣味者へのインタビュー調査について、鉄道関係の商業出版物や同人誌などで執筆活動を行っているAさんに対するインタビュー調査の事例を具体的に述べていく。Aさんへのインタビューは筆者が行ってきた鉄道趣味者へのインタビュー調査の中でもとりわけ印象的なものである。

1970年代前半に生まれたAさんは、鉄道についての同人誌・ブログ、また商業出版分野でも長年活躍してきた、いわば生き字引な人物だ。Aさんがインタビューの中で「鉄道マニア」という呼び方を多く用いていることが示すように、Aさんは鉄道趣味が非常に熱心な少数の担い手を中心とした特殊な活動と認識されていた「マニア」の時代から、現在の(ライトなものを含めた)「オタク」の時代への変化を体験してきた。

インタビューで語られることとは、ある時代の中できわめて熱心に趣味活動を行ったAさんという人物の目から見た鉄道趣味の世界だ。Aさんには自身を含めた鉄道オタクや鉄道趣味の世界について俯瞰的な視点から語るという特徴があるとはいえ、当然そこには限定性がある。それでもあえてこのインタビューについて書くのは、第4節で述べるようなインタビューのなかで生じたある種の「ズレ」の感覚に対する筆者のとまどいや、結果的に見えてきたものについて記すことが、みなさんがインタビューを試みる際に役立つ可能性があるからだ。

（3） インタビューに至る経緯

筆者がAさんに興味を持ったのは、大学院生時代の彼が、当時の鉄道趣味界と、大学生たちのサークル活動である「鉄道研究会」（鉄研）について新聞の取材に答えていたからだ。Aさんはこの記事で当時の鉄研や、鉄道を趣味とする当時の若者たちについての分析を語っていた。*3

この記事やAさんが運営するブログ記事を目にしたことで、Aさんが自分自身の趣味や周囲の人々について客観的に考察を続けてきた人物であることがうかがえた。筆者とも関心を共有するだろうAさんとは、どのような来歴をたどってきた人物なのかに興味を持った。

（4） インタビュー調査の概要

Aさん本人とは2012年に、彼が出品していた同人誌即売会「コミックマーケット」の会場で直接接触し、その場で鉄道趣味に関するインタビュー調査を依頼した。その後電子メールでのやり取りを経て、2013年から2014年にかけて3回のインタビューの機会を得た。いずれも基本的な質問項目を準備したうえで、Aさんの発言に応じて掘り下げた質問を加える半構造化されたインタビューとして行った。またその場でAさんが持参した同人誌の資料を見ながら会話を進めたこともあった。Aさんが積極的に自身のことや趣味の世界のことを語ってくれたことから、インタビューは各回3時間前後と長時間のものとなった。

インタビューでの会話はAさんの許可を得てICレコーダーに録音し、文字起こししている。

(5) Aさんの鉄道趣味経験

1970年代前半生まれのAさんは幼少期から鉄道に興味をもっていた。そして1977年から1980年代初頭にかけての「ブルートレイン・ブーム」の時期に少年時代を過ごしている。

彼に大きな影響を与えた人物に、「乗り鉄」趣味に大きな影響を与えた宮脇俊三がいる。出版社で編集などの仕事をしていた宮脇俊三(1926-2003)が、鉄道旅行作家としてデビューしたのは1978年のことである。デビュー作の『時刻表2万キロ』は、宮脇が当時の国鉄(現在のJR各社)の全路線、約2万キロメートルに「完乗」するまでの様子を描いた旅行記で、「趣

---

*3 Aさんの存在は当時の関西の鉄研界隈では広く知られていたと、1990年代当時、他大学の鉄研メンバーだった別のインタビュー調査協力者も語っている。

味」としての鉄道旅行が広く知られるきっかけとなった。同書がヒットした後の1980年から、国鉄が同書にヒントを得たと考えられる「いい旅チャレンジ20000km」という若者向けの鉄道旅行キャンペーンを行ったことからも、宮脇の作品が大きな影響力をもったことがうかがえる。

Aさんにとって宮脇俊三の鉄道紀行作品(『時刻表2万キロ』と『最長片道切符の旅』)を父親からプレゼントされたことは重要な転機だった。宮脇の著作との出会いによって彼は「世界が広がってった感じ」を受けたという。そして実際にひとりで鉄道に乗りに出かけるようになった。

高校・大学では鉄道研究部や鉄道研究会といった学生サークルで精力的に活動し、その間に日本の鉄道の全線にも乗車した。Aさんは学生時代から鉄道について研究したり考察したりする部誌や会誌、即売会に出品する個人誌作りを熱心に行っており、商業出版物の単著・共著を執筆するなど、現在まで精力的な趣味活動を続けている。

(6)「マニア」の時代の経験

ブルートレイン・ブームが終わった後の小学校高学年から中学時代にかけてのAさんにとって、鉄道趣味は仲間を持たずにひとりで行うものとして経験されていた。鉄道を趣味とする仲間がいなかったことについては「まあみんな興味ないんやなあということ。どんな思いって、さびしいとかそういうのはなくて。たぶん、『みんな変わってってったんだな』って感じかなあ」と語っているように、淡々と受け止めていたという。

一方で、大学進学後のAさんはマニアという呼び方で示される対象が、当時の日本社会を覆っていた価値観の中でネガティブなまなざしを受けていることを感じ取っていたという。

日本がイケイケになっててバブルがあった頃まで、そういうもの〔「マニア」と呼ばれるような行為〕が、くだらないものとバカにされるような風潮がありました。

Aさんがマニアというとき、そこには対象に対する熱心に、真剣に取り組むことというニュアンスが込められている。そのうえでAさんは「80年代からの、何かに真剣に取り組む、マニア的な行為をするっていうことを冷ややかな目で見ることが普通になってしまった、そういう時代」の空気を指摘している。

また当時はAさんが接する鉄道趣味世界の人たちの間でも「鉄道マニア」という呼び方に「悪い鉄道趣味者」という意味づけをする人や「ライトな鉄道ファン」と「マニア」を区別しようとする人がおり、そういった分断や決めつけに対してAさんは違和感を抱いていたという。

以上のAさんの語りからは、鉄道趣味が一定の広がりを持っていたものの、現在のようにポピュラーカルチャーとして定着していなかった1980年代から1990年代にかけての、男性鉄道マニアの経験と世界観が伝わってくるだろう。

4　インタビューを読み解く

(1)　Aさんの中の「別もん」感覚

インタビューの中でAさんは、中学生のころから「電車が好きな自分と個人の自分とはまた別もんっていう割り切り」があったと発言していた。筆者はこの「別もん」感覚に感心をもった。この感覚は、たとえばAさんが語ってくれた次のような経験を経て意識されていったと考えられる。それは中学校の卒業文集に載せるために自身の鉄道旅行記を提出したが、学校側に認められなかったというエピソードだ。

文集を書けっていうテーマを与えられて、私は湧網線〔北海道の国鉄路線。廃線〕に乗ったことを書いたの。そしたら、学校の先生に呼ばれて、〔同学年〕三百何十人のうち、学校の行事、運動会とかクラブ活動とか、修学旅行とか、そういうこと書かなかったのは3人だけだと。……ああ、みんなそういうこと書かないんだー、ということを思いましたね。趣味ってそれぞれアニメが好きとかいろいろあるはずなのに、みんなそういうこと書かんと。あ、おれ変わりもんなんやなーと、改めて。

これはAさんにとって印象深い出来事の1つとして語られた話だが、学校生活を送るうえで、趣味をする自分とそれ以外の自分の違いを意識するという経験は、ポピュラーカルチャーに関わる誰しもが多かれ少なかれ理解することができるだろう。

(2)「別もん」感覚と宮脇俊三のエッセイ

「別もん」感覚などについてさらに質問したいと思った筆者は、Aさんに追加インタビューへの協力を依頼した。Aさん宛ての追加インタビュー依頼メールにも関心があることを記し、Aさんからはインタビュー受諾の返答とともに、簡単なコメントをいただいた。

Aさんは筆者が依頼文に記した「趣味におけるご自身とその他のご自身とが、どのように『別もん』になってきて、現在までにどのように変化してきたのか」という問いに対してメールで次のようにコメントしている。

宮脇俊三の「汽車との散歩」（新潮社）ってエッセイ集の巻頭エッセイからの受け売りだ、とは以前お会いしたときに言ったような気もします。

国鉄の分割民営化に違和感を覚える宮脇。それを語った言葉なんですよね。

へえ、と、それを読んだ中高生の時に琴線が触れたんですよ。（Aさんのメール。原文ママ）

公営企業であった国鉄（正式名称を「日本国有鉄道」といった）が分割・民営化されてJR各社となったのは1987年のことだが、その方針が決定したのが1985年のことだった。この分割・民営化の決定について当時の宮脇が所感を記したエッセイが、Aさんの「別もん」感覚の語りに影響を与えたということだ。Aさんが中学生時代のことである。

(3)　Aさんの語り

宮脇が記したという「違和感」とは何だったのか。追加インタビューではAさんの返答を受ける形で、「別もん」感覚の由来を質問した。

筆者：私も『汽車との散歩』を読んでいて、〈宮脇は国鉄の分割民営化について〉社会的に語るべきなのか、自分の心情を語るべきなのかみたいな、そういったことを……

Aさん：そうですね。そこのギャップみたいなことを書いていたわけですよね。ひとりの元会社員だった人間としては、組織としても〈国鉄が〉駄目だっていうのはわかるっていうところと、もうひとつの〈鉄道が〉趣味の自分っていうところのギャップがあると認識して。そのふたつが違うということを……

Aさんはエッセイを読むことで、彼自身が感じていた「趣味の人としての自分」と「もうひとつの自分」という「感覚のギャップ」のようなものが「頭にすっと入ってきた感じ」を受けたという。

(4)「鉄道ファンの言い分」

宮脇俊三のエッセイは「鉄道ファンの言い分」というタイトルで、『読売新聞』1985年

8月2日夕刊に掲載されたものだ（1987年に新潮社から刊行された『汽車との散歩』に所収。2007年にグラフ社から復刊）。

このエッセイが書かれる直前に、長年の経営赤字で累積債務を抱えていた国鉄について、政府が設置した国鉄再建監理委員会が分割・民営化の答申を示した。これを受けた宮脇は、分割・民営化案が鉄道の利便性を向上するといった問題意識からではなく、数十兆円にのぼる国鉄の累積債務をどのように処理するかという観点から出されたもので、「発想が、私などの鉄道ファンや鉄道利用者とは次元を異にするのである」（宮脇 2007: 10）という認識を示している。ファンや利用者と債務処理を考える人たちとの間には立場の違い、国鉄を見る視点の違いがあるはずだが、当時のマスコミでこの問題について意見を述べる人たちには国鉄利用者の視点（当然、ファンの視点も）が欠けていた。宮脇が抱いたのは、このことに対する（Aさんがいうところの）「違和感」だった。

Aさんは、分割・民営化案の背景にある「発想が、私などの鉄道ファンや鉄道利用者とは次元を異にするのである」という宮脇の指摘と違和感に共感したのだという。全国的な鉄道網の将来に関わる国鉄の分割・民営化案は多くの人々の関心を呼んだが、鉄道の行く末を案じる「マニア」の立場と、分割・民営化を推進する立場とはまったく異なる論理の上に成り立っている。鉄道に強い関心をもつAさんも、異なる立場からはまったく異なる主張が出てくるということを意識していただろうし、これは宮脇のエッセイによってさらに明確なものとなったに違いない。

(5)「ズレ」への意識

ところで、インタビューデータを整理する中で、改めて宮脇のエッセイを読んだ筆者はインタビューでやり取りされている内容と、宮脇の書いた文章との間にいくらかの「ズレ」があるのではないかと感じた。

まず、Aさん同様に以前から宮脇俊三の著書を愛読していた筆者は、印象的な作品として記憶に残っていたこのエッセイについて「社会的に語るべきなのか、自分の心情を語るべきなのかみたいな」内容だったと言っている。しかし実際のエッセイでは確かに宮脇の心情も語られているが、必ずしも「社会的」なものと「心情」とを対比しているわけではなく、ファンや利用者と分割・民営化論者の間の立場の違いが対比の中心だ。

筆者はインタビュー前に改めて宮脇のエッセイを再確認しなかったために、結果的に内容について「ズレ」た認識のままインタビューを行ったというわけだ。事前に再確認をしておけば早い段階で「ズレ」に気がつき、Aさんに確認をすることができたはずだから、これは筆者の至らなさである。

図5–3　宮脇のエッセイとAさんのギャップ意識

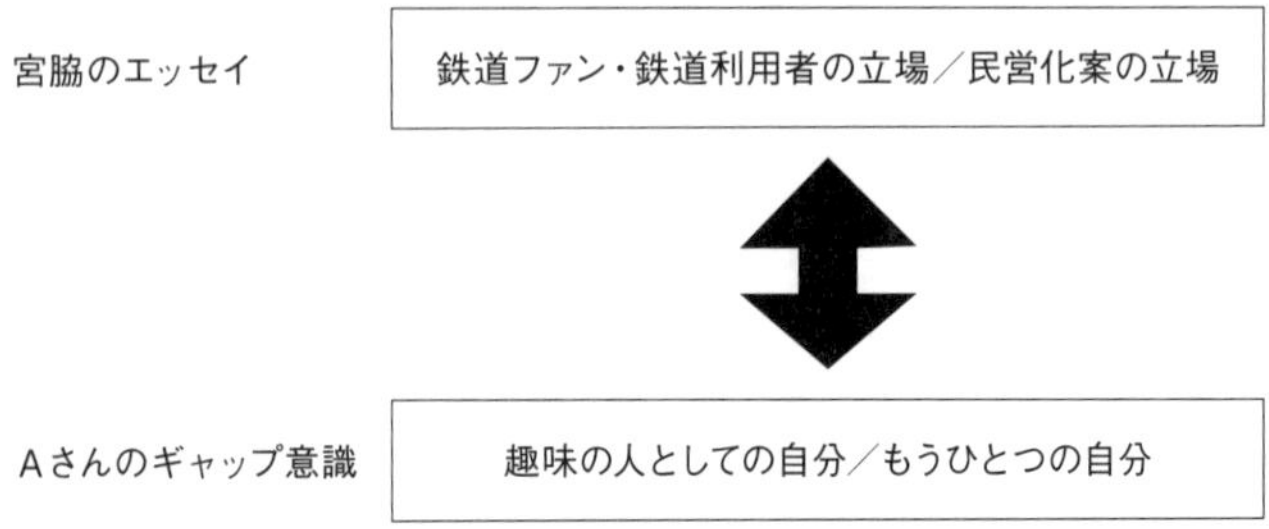

出所：筆者作成。

（6）「ギャップ」の2つの次元

さらに「ズレ」として意識されたのは、宮脇のエッセイにあるファンや利用者と分割・民営化論者の間の立場の違いと、「趣味の人としての自分」と「もうひとつの自分」というAさんの内面にある「ギャップ」意識とが、筆者には直接にはつながらないように感じられたからだ（図5－3）。

宮脇が直接に述べているのは鉄道をめぐる立場の違いなのに対して、Aさんの「別もん」感覚は自己の多面性についての感覚だ。

これらを異なった領域の問題と考えると、話の流れは「ズレ」たもののように見える。しかし、Aさんが宮脇のエッセイを通して語ったことには「別もん」感覚をより深く理解するカギがあるのではないだろうか。

(7)「元会社員」というポイント

理解の手がかりの1つは、インタビューでAさんが宮脇について「ひとりの元会社員だった人間としては、組織としても〔国鉄が〕駄目だっていうのはわかるっていうところと、もうひとつの〔鉄道が〕趣味の自分っていうところのギャップがあると認識して」いたと語っていたことだ。

この部分について再度Aさんに確認したところ、実際には宮脇はこのエッセイで「元会社員」という立場からの国鉄への見解を述べているわけではなく、別のエッセイに書かれていたことをふまえた発言だったかもしれないという。

ただ、この発言をインタビューの場でのただの思い違いとしてではなく、Aさんの「別もん」感覚とのつながりで考えることができるだろう。

(8)「ギャップ」同士のつながり

作家デビュー以前の宮脇は、出版社で編集者のみならず、経営側の立場にも立って働いてい

図5-4　ギャップ間のつながり

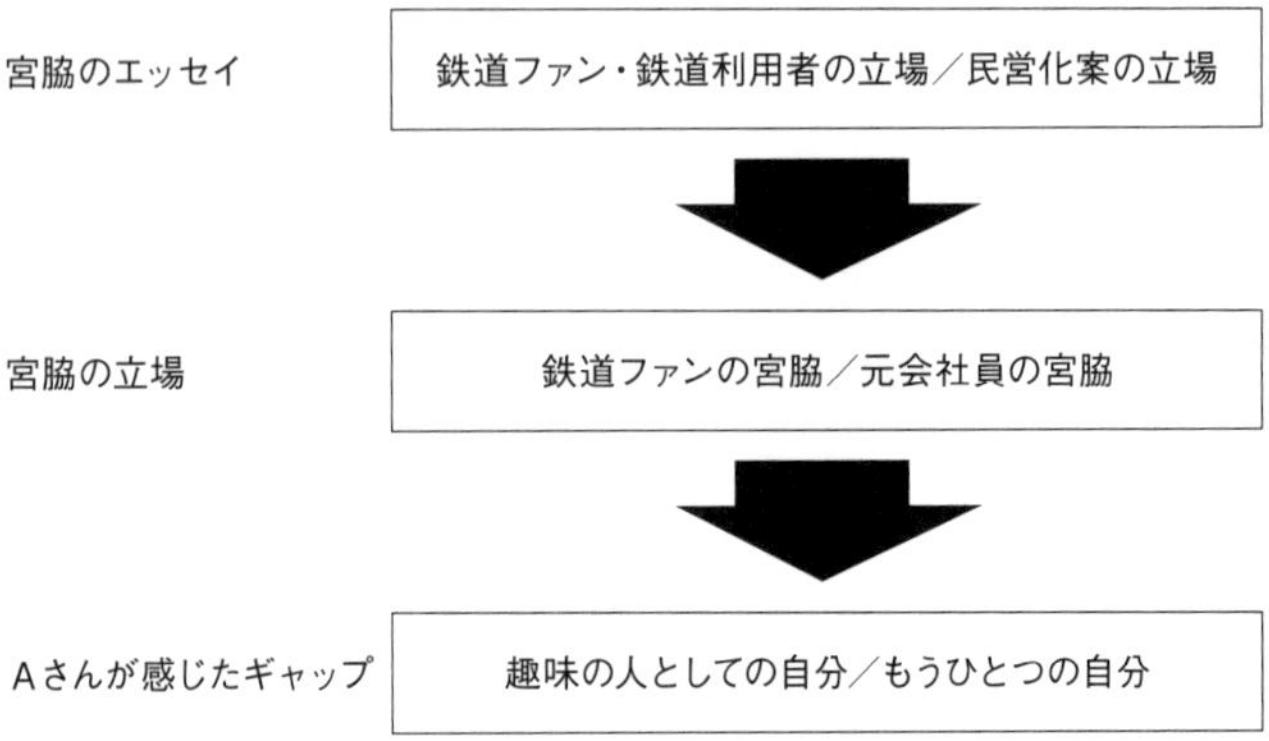

出所：筆者作成。

た。つまり宮脇は鉄道ファンであり、なおかつ経営の観点から分割・民営化の考え方に一定の理解を示すこともできる。こうした背景をふまえると、宮脇の内側には分割・民営化をやむをえないとする部分と、国鉄に愛着を持つ部分という「ギャップ」があったと想像することができる。Aさんの中にこうした宮脇像があるとしたら次のように言えるだろう。

まずAさんは、宮脇が「発想が、私などの鉄道ファンや鉄道利用者とは次元を異にする」と書いたことに共感を覚えていた。加えてここに分割・民営化を理解する「元会社員」の宮脇像を置くことで、宮脇の内側に存在する「鉄道ファンの宮脇／元会社員の宮脇」という「ギャップ」を想像することができる。これは、Aさんのいう「趣味の人としての自分／もうひとつの自分」と重なる。Aさんが「別もん」感覚を説明するために宮脇にふれたのは、こうした「ギャップ」間のつながりが意識されているからだと理解できる（図5－4）。

Aさんが「趣味の人としての自分／もうひとつの自分」という内面的な「ギャップ」について、「ファン・利用者／分割・民営化案」という立場をめぐる「ギャップ」を通して語ったことには、一見「ズレ」が含まれているように思えた。しかしAさんが示した「元会社員」という宮脇像は両者をつなぐカギとなっている。

これはあくまでも筆者が回り道をした末にたどりついた答えだが、インタビューの中で気になった「ズレ」に注目することで、Aさんが伝えたかったことへの理解を多少なりとも進めることができたのではないだろうか。

5　おわりに

Aさんは、鉄道趣味の経験においてもその他の人生経験においても筆者と異なる点も数多い。しかし筆者も宮脇俊三の愛読者であった点や、鉄道オタクという存在そのものに対しての関心の高さといった点では共通点があった。Aさんの語りには宮脇俊三からの引用や、抽象度の高い表現も含まれるが、そのいくらかは筆者が鉄道趣味という共通点をもっていたために、インタビューの中で円滑に会話を続け、Aさんの趣味意識を引き出すこともできた。これは細分化されたポピュラーカルチャーのインタビュー調査では、調査者の共通の関心や知識や経験といったものがインタビュー協力者との間に信頼関係を構築し、語りを引き出すうえでの資源となることを示しているだろう。

一方このインタビューでは「ズレ」に注目することで、Aさんが宮脇を通して「ギャップ」意識を語った意味を理解することにつながった。本章の例に限らず、人同士の会話であるインタビューには、何かしらの「ズレ」が生じてくるはずだ。仮にそうした「ズレ」を感じたとしても、インタビューに際しては相手の語りに寄り添った聞き取りを行うことが重要だろう。そのうえで、なぜそのような「ズレ」が生じているのか、その意味は何なのかを考えていくことがインタビュー調査を深め、研究の価値を高めることにつながるだろう。

ワンポイントアドバイス

【Eメールの書き方を身につけておこう】

ポピュラーカルチャーには広い年齢層の人が参加している。年長者とのやり取りにはEメールを利用することが適切である場合が多くある。Eメールの書き方・マナーを身につけておこう。

【資料は目に見えるところに置いておく】

本章でふれた事前確認不足のようなミスを防ぐために、インタビューに関連する文献などの資料は、すぐに確認できるように目に見えるところに置いておこう。

参考文献

青木栄一（2001）「鉄道趣味のあゆみ」『鉄道ピクトリアル』２００１年7月号、131－155頁
宮脇俊三（2007）「鉄道ファンの言い分」『汽車との散歩』グラフ社
村井美樹（2012）『極めよ、ソフテツ道』小学館
信時哲郎（2012）「女子と鉄道趣味」馬場伸彦・池田太臣編『「女子」の時代！』青弓社
塩見翔（2015）「ブルートレインにみた夢」岩見和彦編『続・青春の変貌』関西大学出版会、80－105頁
塩見翔（2018）『現代日本の「鉄道愛好」に関する社会学的研究』関西大学大学院社会学研究科博士論文
辻泉（2009）「なぜ鉄道は『男のロマン』になったのか――『少年の理想主義』の行方」宮台真司・辻泉・岡井崇之編『「男らしさ」の快楽』勁草書房、219－246頁
辻泉（2014）「なぜ鉄道オタクなのか――『想像力』の社会史」辻泉・岡部大介・伊藤瑞子編『オタク的想像力のリミット』筑摩書房、63－95頁
辻泉（2018）『鉄道少年たちの時代』勁草書房

第6話

「京町家」のフィールドワーク
——京町家カフェに行ってみた

丹羽　結花

1　はじめに

794年の平安京遷都以来、住み継がれてきた歴史都市、京都。世界文化遺産に選定されている「古都」京都の文化財、寺社仏閣や庭園、歴史的人物や物語の主人公が活躍した場所などをめざして多くの人が訪れる観光都市でもある。そんな観光スポットと並んで紹介されている京町家カフェに行ってみた（図6－1）。

中京区、錦市場の近くにあるアイスクリームカフェ、表は木の「格子」で覆われていて外から中が見えにくい（図6－2）。「引き戸」を開けて入ってみると広々とした「土間」がある。椅子とテーブルの席もあるが、奥には畳の間が見える。靴を脱いで上がり、座布団を当てアイスクリームを食べる。映画やドラマで見たことのある「ちょっと昔の日本」みたい、でも古さは感じられない。「間口に比べて奥行きが深い」ことを体感する。これが「鰻の寝床」と言われる理由のようだ。

図6–1　京町家カフェ

出所：京町家再生研究会提供。

東山区、清水焼の窯が点在する地域にある珈琲店は、「格子戸」を開けると「土間」と板張りになった床が広がっている（図6－3）。畳

図6–2　京町家カフェの外観と内部

出所：内田康博撮影。ボブソンズカフェ四条富小路店。

図6–3　連棟町家の改修事例（カウンター席と通り庭（火袋））

出所：アトリエRYO提供。市川屋珈琲。

の間はない。カウンター席の奥に「庭先」が見える。庭の向こうにも「離れ」があるようだ。「通り庭」の上にある「吹き抜け」（火袋）の迫力を感じる。木の柱や梁、土壁に囲まれた空間は少し薄暗い気もするが、思ったよりも明るい感じ。土間のひんやりした感じも居心地が良い。

流行っている京町家カフェにもいろいろなかたちがあるようだ。古いのか新しいのかもよくわからない。そもそも京町家ってなんだろう。

そんな疑問や興味を持ったら調べてみよう。まず、基本的な情報として、京町家は「京」都の「町」にある「家」、すなわちほとんどの京町家には人が居住している。50年ほど前まで、京町家は当たり前にたくさん存在していた。京都市の条例では「1950年以前に建築された木造建築物で、伝統的な構造及び都市生活の中から生み出された形態又は意匠を有するもの」が京町家と定義されている。[*1] 1864年の蛤御門の変は「元治元年の大火」とも呼ばれていて、京都のまちなかはほぼ焼失した。よって、江戸時代に建てられた京町家は意外と残っていない。「田の字地区」と呼ばれる旧市街地に現存している京町家のほとんどは明治以降に再建されたものである。[*2] 2016年度の調査によると京都市内で約4万件、田の字地区には約6000件が残っている。[*3]

外から見ただけでは、普通の住まいとカフェなどの店舗の違いがわかりにくいかもしれない。また、歴史のあるもの、時間をかけて残ってきたものにはそれまでの経緯や地域のこだわりがある。この中に思い切って飛び込んでみるきっかけの1つとして、本章では、「歴史的なものを大切にしよう、残そう、生かそう」という活動を行っている団体を頼りに調べてみる、というフィールドワークの方法を紹介していきたい。

2 フィールドに入る前に

(1) 基本的な情報を集める

まずは情報収集から始めよう。ネットで検索して、京町家がどんな建物なのか、京町家カフェがどんなところにあるのか、調べてみよう。[*4] ガイドブックや地域誌なども参考になる。[*5] 大手コーヒーチェーンが展開する店舗、元お茶屋や蔵など建物のかたちもさまざまである。興味を持った京町家カフェは場所や特徴など、簡単なメモと合わせてこれからの調査のためにリスト

＊1　京都市は「京都市京町家の保全及び継承に関する条例」（以下、京町家条例）を2017年11月に制定した。2018年5月施行。京町家は1950年建築基準法が改正されてからは認められていない伝統構法で建てられたものである。形態や意匠には、通り庭（道に面した出入り口から続く細長い形状の土間）、火袋（細長い形状の吹き抜け部分）、坪庭または奥庭、通り庇（道に沿って設けられた軒）、格子（京格子や虫籠窓など、伝統的なもの）などがあり、そのうち1つでもあれば京町家と定義されている。

＊2　北は御池通、南は五条通、東は河原町通、西は堀川通に囲まれた旧市街地の呼称。いずれも片側複数車線の幅広い道路で、中心にクロスする四条通、烏丸通と合わせて田の字のように見えるので、中心市街地を指す時に使われている。

＊3　京都市「京町家まちづくり調査」による。2005年の調査では約8000件だったので少しずつ数が減っている。「平成28年度京町家基礎調査に係るボランティア調査の結果について」（京都市都市計画局まち再生・創造推進室 2017）を参照。最初に京町家の実態調査を行ったのは、市民活動団体である木の文化都市研究会でトヨタ財団の助成を受け、1995年から1996年の2年間、丸太町通から五条通、河原町通から堀川通の中心市街地にある京町家の悉皆調査、アンケート調査、回答者から承諾を得た先の訪問調査を行った。この調査は1998年度京都市の京町家まちづくり調査に引き継がれ、その後も追跡調査がなされている。京町家まちづくり調査については、「『京町家まちづくり』調査について」（京都市都市計画局まち再生・創造推進室 2017）を参照。

アップしておこう。

（2）　地図を作ろう

グーグルマップなど便利な地図機能を使えば、めざす場所に行けるが、京都のまちの仕組みを知っておくともっと簡単で理解しやすい。平安京の町割を基本として、東西南北に通っている道はグリッド、いわゆる碁盤の目のようになっているからだ。通り名の歌「まるたけえびすにおしおいけ　あねさんろっかくたこにしき」を覚えておけば、スマホを見なくても歩いてじっくり町並みを観察することができる。[*6]

「住宅地図」を用意しておくと、通り名、町名、会社や個人名が記載されているので、周辺の情報も押さえることができる。[*7] 画板に挟んで多色ボールペンでメモを書き込んだり、蛍光ペンで色分けしたり、アナログでマイマップを作ってみる楽しみもある。

（3）　活動に参加してみよう

どんな活動があるのか。公益財団法人京都市景観・まちづくりセンター（通称まちセン）は、京町家を「残そう」、「生かそう」という活動をしている団体を紹介しており、それぞれのホームページもリンクされている。市民活動団体と呼ばれているボランティアベースで活動しているところ、行政や大学などが関わっているもの、企業が関わっているものなど、組織の形態は

＊4 「京都」「町家」（または町屋）「カフェ」などを検索ワードにするといろいろなものがヒットする。観光ガイドや飲食店検索サイトにもまとめられている。たとえば、M KYOTO by Leaf（地元情報誌Leafがお届け！）ウェブサイト「2020最新 京都でおすすめ町家カフェ」など。

＊5 リーフ・パブリケーションズが発行する地域誌『Leaf』2019年12月号の特集「京都 町家でごはん」、らくたび文庫編集部（2009）『京都の町家ランチ』（らくたび文庫）など。

＊6 順に丸太町、竹屋町、夷川、二条、押小路、御池、姉小路、三条、六角、蛸薬師、錦小路という東西の通り名を指す。続きの「しあやぶったかまつまんごじょう」（四条、綾小路、仏光寺、高辻、松原、万寿寺、五条）まで覚えておけば田の字地区をほぼカバーできる。通り名の歌はいくつかのバージョンがある。以下のサイトも参照のこと。京都市（2015）「知っているかな？ 京の通り名」、https://www.city.kyoto.lg.jp/sogo/page/0000097383.html（最終アクセス日2022年4月15日）。

＊7 ゼンリンの住宅地図は営業マンや選挙活動などで戸別訪問する時に利用されている。最近はネットで検索してコンビニでプリントアウトできるなど、指定地域の地図を入手しやすくなっている。ゼンリンのプリントサービスについては、「ゼンリン住宅地図プリントサービス」のサイトで確認してほしい。また、各市町村が発行している「都市計画図」があるともっと便利である。こちらは敷地と建物の関係がわかるので、「間口が狭く奥行きが深い」京町家の特徴、近年の周辺の建て替えやビル化による居住環境の状況などもわかる。本格的に町並み調査を行うならば、住宅地図と一緒に持ち歩くことが必須となる。京都市都市計画情報等検索ポータルサイトより入手できる。

図6-4　釜座町町家：典型的な京町家の一例

出所：井上成哉撮影。

さまざまである。建物の保全、技術継承、流通からまちづくりまで活動の対象もいろいろある。

筆者が参加している特定非営利活動法人京町家再生研究会（以下、再生研）[*8]は、建築家や大学の先生、大工さんなど技術者や専門家、そして京町家に住んでいる居住者で構成されている。住み手が参加していること、実測などの調査や、制度などの研究に関わっていることが大きな特徴である。月1回程度、主に会員を対象に例会を開催している。

もう1つ、京都には学区という地域単位が息づいており、各学区の自治連合会が地域コミュニティの単位となっている。[*9]まちづくり活動が盛んな学区もいくつかある。筆者が参加している明倫学区まちづくり委員会は「地域景観づくり協議会制度」に認定されており、地域住民が地域の特色を踏まえた町並みの形成のため、建築の改修や新築、看板の設置に関して、事前に業者と意見交換を行っている。[*10]先人の話を聞く「夜話の座」、学区内にある建物や町並みをめぐる「まちあるき」などを通じて新しい居住者にも地域を知ってもらえるような取り組みも行っている。

このような組織と関わるきっかけとして、オープンな催しがあるときに参加してみる、とい

＊8　1992年発足当初は任意団体。2012年特定非営利活動法人に移行。2019年12月現在、会員約50名。現在、月2回の幹事会で理事を含む10名程度が企画運営会議を行っている。初期の改修事例である「ケーキとパスタのお店」（図6-1）が京町家カフェをはじめとする飲食店利活用の走りとなった。また、＊3にある京町家まちづくり調査のきっかけとなる市民組織の調査に協力するなど、先進的な取り組みを行っている。

＊9　1869年、京都では日本で初めて小学校が作られた。25前後の町内が1組となり、用地を提供するなど地域住民が率先して活動した経緯があり、学区は近代以降自治組織の単位となっている。1990年代、児童数の減少により小学校の統廃合がはかられ、厳密には「元学区」であるが、現在も行政の末端組織として機能している。

＊10　各学区には職業など地域の特徴が反映されている。明倫学区は呉服関係の卸売業が集積し、「室町」と言えば呉服の大店（おおだな）が大型町家に店を構えるステイタスのある場所であった。大型町家が軒を連ね、蔵を複数持つところもあった。1970年代に多くの大店が鉄筋コンクリートでできた5から10階建ての自社ビルに建て替えたが、その後、呉服関係の低迷により、たくさんあった京町家もバブル期にはマンションへ、近年はホテルへの建て替えが進み、町並みだけではなく、居住者や来訪者も変化しており、町の様子が激変している地域である。残っていた京町家もバブル期以降は飲食店、最近はゲストハウスに転用される事例が多い。再生研本部もこの学区にある。図6-4の釜座町町家はワールド・モニュメント財団から支援を受けたプロジェクトにより再生したもので、再生研が関わった。京町家の改修モデルとなっている。また、地域景観づくり協議会制度は京都市市街地景観整備条例に基づくもので、地域の景観づくりに主体的に取り組む組織を認定したもの。2012年に認定が始まり、2022年現在14地区が認定されている。それぞれの地域の特色を盛り込んだ「地域景観づくり計画書」に基づいて意見交換がなされる。

う入り口もある。ただ、学生であれば研究室の先生を通して、きちんと地域や関係者に挨拶をしておくのが最も望ましい。「今時そんな面倒な！」と思われるかもしれないが、京都はそういうことには「きびしい」[*11]。先方に安心して受け入れてもらうためには必要なステップと考えてほしい。信頼関係ができればその後の動きがスムーズになるだけではなく、あなた自身の身を守ることにもなる。自慢話や長い話にうんざりすることがあるかもしれないが、まずは先人の知恵に触れてみよう。京都に限らず、歴史的な地域にはこれまでの経緯と維持してきた人たちのプライドがある。土足でいきなり踏み込むのではなく、最初にきちんと誠実な気持ちで接することをおすすめする。

3　調べる方法

外から見る（まちあるき）、内部空間を楽しむ（体感）、話を聞く（インタビューやアンケート）という3段階に留意しておくと、フィールドワークとして何をすべきなのか、明確な意識を持って取り組むことができる。

(1) まちあるき：外観

通りから建物の外観（ファサードと呼ぶ）をじっくり観察し、どんな要素があるのか記録する。写真も撮っておこう。スケッチできるとなお良い。木製の「格子戸」、漆喰の「虫籠窓」、土壁の色、間口や高さもさまざまである。2階部分がすごく低いところもあれば、まあまあ高いところもある。木格子で覆われていて中が見えにくいものもあれば（図6-2）、下から半分くらいは石貼りで、上の部分には木の代わりに金属製の格子状のものが入っているものもある（図6-1）。後者は「昭和初期型」と呼ばれるもので、大正時代の終わりから昭和の初め、近代ビルヂングを真似て「モダンな事務所風」をめざしたものと言われている。そう、昔から京町家には流行りのスタイルがあったのだ。当時の人たちが「かっこいい」と思っていたものは、あなたの目にどんな風に映っているだろう。

＊11 「一見さんお断り」は京都がしきたりにきびしいと言われる時に使われる。紹介者を通じた人のみが入ることのできる仕組みである。お店など敷居が高いことを示す事例でもあるが、信頼関係があってこそ、受け入れられるという意味でもある。

（2）内部空間を楽しむ：体感

実際に中に入って観察してみる。コーヒー1杯でも良いし、「インスタ映え」するメニューを試してみるのも良い。カフェ好きならば一石二鳥の調査でもある。

観察する項目をあらかじめ決めておいて、チェックしていこう。土間がどこまで、どのくらい広がっているのか、三和土（たたき、土を固めたもの）なのか、タイル張りなのか。部屋は畳なのかフローリングなのか。どんな間仕切りがあるのか。椅子席とテーブルなのか、畳に座布団なのか。「床の間」にどんなものが飾ってあるのか。庭はどんなところにあるのか。

慣れてくれば、京町家の基本形がどんな風に踏襲されているのか、あるいは改変されているのか、わかってくるだろう。通り庭や火袋と呼ばれている吹き抜け空間、井戸やおくどさん（昔のかまど）など古いアイテムがどのくらい残っているのか、あるいは活用されているのか、などもポイントになる。

気に入ったカフェに何度も通って、季節や天気によって雰囲気が変化するところを観察しても良い。ミセノマ（通りに面したところ）や奥の座敷など過ごす場所によって感じ方も違う。

観察したことはメモに記録しておき、当日のうちにまとめておこう。京町家の間取りは、面している道路に対して垂直に伸びる「通り庭」に沿って部屋が手前から奥へ並ぶという基本形があり、慣れてくれば四角形を並べて、簡単に間取りを再現できる。

現場に行って感じることがフィールドワークの最も肝心なところである。バーチャルや画像だけではわからない、光や風、空気感など、体感したことを記録することが大切である。

(3) 話を聞く：インタビューやアンケート

周りの人がどんな風に感じているのか、意見を聞くことも大切だ。ネットで評判を検索したり、一緒に行った友達の意見を聞いたりしておこう。

改修プロセスを調べてみるという方法もある。京町家カフェの多くは、「古い」京町家を何らかのきっかけで「キレイに」改修しており、そのプロセスに所有者や事業者のさまざまな思いや課題を見て取ることができる。改修に携わった設計者や活動の記録は、取材メモや記事として公開されている場合がある。[*12] これらを読み解き、それぞれの立場からの評価や、アピール

*12 再生研で主に会員向けに発行しているニュースレター「京町家通信」には、再生する側の視点からさまざまな記事を掲載している。

したいと思っているところを拾い集め、メイキングのストーリーを組み立てることができる。

4　活動に参加してみる

（1）具体的な取り組み事例

活動を通じてどんな体験ができるのか、２つの団体の活動事例からこの方法の利点と欠点を整理しておこう。

① 現場見学会

再生研の例会では、改修途中や、お店がオープンした時などに見学会を企画する。オーナーや設計者の話を聞くことができるし、会員など参加者のコメントも聞くことができる。スタッフのお手伝いとして参加することで、同世代や京町家カフェをそれほど知らない人たちの感想も聞くことができる。

明倫学区まちづくり委員会でも新しい居住者を念頭に置いたまちあるきを企画している。古くからの地域住民が考えていることや新しい居住者の興味など、意見や考えを知ることができきる。

参加者と知り合いになることで調べてみたい他の京町家カフェと接点を持つことも可能になる。連携している他の団体が開催する見学会などに招かれることもあり、芋づる式にネットワークを広げていくことで、情報を得る可能性が広がる。ただし、調査前提で参加するのは控えたほうが良いだろう。お手伝いでも仕事は仕事、きちんと責任を果たしたうえで、自分の興味とやりたいことをきちんと先方に説明し、受け入れてもらったら、1つずつ進めてみよう。

② セミナーやシンポジウム

現行法制度のもとで京町家の保全を適正に行おうとするといろいろなハードルがある。もともと建築された時と違う法律が現在の都市や建築を規制しているからだ。再生研ではそんな限界を超えるため、さまざまな手法を模索し、問題点を議論する機会を積極的に設けている。行政担当者や研究者など専門家を招いて、会員限定の勉強会や、公開シンポジウムなどを開催している。これらに参加すると歴史的なものが現代に生き続ける難しさと同時に現代社会の矛盾にも気がつくだろう。カフェだけではない京町家のあり方、都市居住のあり方など、広い視野で考えるきっかけにもなるだろう。

③ 調査もある

調査が企画されたら参加してみよう。明倫学区の事例では、学区内の飲食店約190店舗に「今一度、近隣住民に配慮してほしい」という要望書を配布した。カレーや焼肉、ラーメンなどの飲食店が増え、観光客などの行列、深夜の騒ぎなどに対して、近隣居住者から苦情が増えてきたためだ。観光がメインの地域でも飲食店の火災事故や匂いに関する問題がニュースになっている。そこで、これまでの経緯を知ってほしい、居住地区であることを認識してほしい、というお願いをするとともに、以前まとめた明倫学区にふさわしい建物や守って欲しい生活ルールなどを記載した「明倫ルールブック」を配布した。[*13] これは京町家だけがターゲットではないが、実際に地域に長年住んでいる人と一緒に1軒1軒訪問すると、自分ひとりでは決して入ることのない店舗や高級そうな料理屋さんの様子も知ることができ、比較情報として役に立つこともある。

④ 意見交換会

まちづくり委員会の地域景観づくり協議会に、京町家の改修案件、カフェの活用事例もたびたび登場する。全面ガラス張りで中が丸見え、白木で壁は真っ白など、若い人たちや設計者が「かっこいい」と思うことが地域住民や専門家から見ると「けったいなこと」に思われる、こんなイメージのズレがよく議論になる。オブザーバーとして参加できれば、地域のルールやスタンダードがどういうものなのか、理解できるだろう。

（2） 課題もある

専門家と一緒に行動していると、あなたが感じる違和感の一因に、「床の高さが違う」「壁抜きすぎ」など改修設計に問題があることがわかってくるだろう。また、地域住民の考え方を共有することもできる。地域固有のルール、行儀や作法は古臭いものではない。これまで京町家が生き残ってきた理由と考えることもできる。

もちろん良いことばかりではない。団体にはそれぞれの方針や理念があり、あなた自身の考え方と違っていることもある。活動はほぼボランティアなので、時間と労力に見合った成果は得られないかもしれない。また、活動を通じて知り得たことはほとんどが個人情報で、秘密に

＊13 意見交換に参加する事業者にもわかりやすく伝えたいとの想いから作られたのが、明倫自治連合会・明倫学区まちづくり委員会「明倫ルールブック」（2017年）である。デザインルールと生活ルールに分けて記載されている。埼玉県川越市の重要伝統的建造物群保存地区にある「川越まちづくり規範」を参照した。

しなければならないことも多い。どんなに楽しくて貴重であってもSNSで気軽に発信するわけにはいかない。調査者としての立場、学生としての立場はもちろんだが、受け入れてくれた先方には団体の関係者として扱われる。その立場での振る舞いにも注意しなければならない。逆にあなた自身が地域や団体に利用される可能性もある。だからこそ最初に挨拶を通じて入っておけば、何らかのトラブルに巻き込まれた場合に安全を確保できるというわけだ。

5 社会学のレポートとして

(1) レポートを書く

いろいろわかってきたら、きちんとレポートにまとめていこう。単なるお楽しみやコレクションではなく、社会学のレポートや卒業論文にしていくためにはここからが大切である。何かと「比較する」視点をいつも持っておこう。まずいろいろな京町家カフェを比較してみよう。リストアップしたこと、全体の雰囲気、あなた自身の感想、周囲の人たちの意見、これらを関連づけてまとめ、地図や写真と組み合わせてみよう。京町家の特徴の1つ「多様性」を明らかにしていけば、レポートとしては十分だろう。

余裕があれば時間軸で比較してみるのも良い。流行がどんなふうに変化しているのか、過去の資料や調査と比べてみよう。前述の住宅地図は毎年更新されているので、10年前、20年前の情報と比較してみると、普通の住宅が飲食店や宿泊施設に変わっていく状況を把握することもできるだろう。雑誌が取り上げている京町家カフェがその後どうなったのか、バックナンバーと今のものを比べてみて追跡しても良い。*14

そしてできあがったら必ずお世話になった人たちにも報告しよう。関係者や地域の人間も、実は漠然と見ていることが多く、数や形となって明示されて改めて気づくこともあるからだ。

(2) 地域の課題へ

カフェ以外の活用事例や普通に住まいである京町家と比べていくと、「楽しいカフェ体験」

*14 たとえば図6-2のアイスクリームカフェは1つ前の改修で外壁がほぼそっくり新しいものになっていて、内部はソファー席のあるモダンなカフェだった。それが再度の改修で元の形に戻すことになった。どちらが好みか、分かれるところではあるが、京町家は古いものをそのまま残すのではなく、時代にあった改変がされ、また取り戻すこともできるのである。20年前に刊行された地域誌『Leaf』のムック本『京都町家でごはん100』(2002年)に掲載されていた「カフェ・軽食」13軒のうち、6軒は閉店している。一方、*5で紹介した2019年の特集ではニューオープンの店舗が多数紹介されている。

図6–5　祇園祭　幔幕と提灯

出所：井上成哉撮影。1階部分にかけられているものが幔幕。

から現代の課題へ切り込むこともできる。地域が抱えている問題が見えてくるだろう。たとえば、オーバーツーリズムが近年問題となったが、明倫学区まちづくり委員会は祇園祭の時、ハレの日のために幔幕と提灯を飾って町並みを整えて欲しいと住民や新しい事業者にお願いしている[*15]（図6－5）。一方、宵山には大勢の観光客から居住地を守るために工事現場のような柵を設けるビルやマンションが増えてきた。カフェや飲食店の京町家も客寄せのためか、派手なポスターなどを掲示しているものがあり、これではせっかくの装いも台無しだ。日常とは異なる時を対象に、しかも経年で観察していると、こんな矛盾も見出せるし、観光とまちづくりの課題も明らかになってくる。

普通の住まいが減少する代わりに飲食店や宿泊施設が増え、観光客が増加している。京町家がカフェやゲストハウスとして活用されることにより残っていくのは悪いことではない。だがそのことで観光客が増え、地域住民との軋轢が生じている、という矛盾もある。

(3) 社会学との関わりや展開

都市社会学を展開したシカゴ学派の同心円地帯理論では、1920年代のシカゴという都市をモデルに都市が拡大し、人々が社会階層によって棲み分け、移動する様子を描いている。京都の場合、ほぼ同時代の都市計画を見ると地域産業によるクラスターが強いことがわかる。階層によって居住地が住み分けられているというよりも、ひとつの町の中に大店の大型町家から路地の長屋が混在している。歴史都市として、平安京以来の町割を踏襲し、少しずつ変えながら生き続けてきたという経緯が反映されている。

ホテルとゲストハウスの間で居住者が揺れている状況はシカゴの混沌とした状況に似ているかもしれない。これまで歴史都市として引き継いできたものが崩壊しつつあることを地域住民は感じている。残念ながら日本では、古いものを生かすという本来の意味でのサスティナブル

＊15 季節や行事、もてなす客などによって、床の間の掛け軸や花などを変える。これらはしつらえ（設え、または室礼）と呼ばれている。祇園祭の時は表に幔幕をかけ、提灯をかける。2014年、後祭の復興に際して、明倫まちづくり委員会では祇園祭のしつらえをしよう、という呼びかけを全戸に行った。

が実現し難い。建築や都市計画、法制度だけではなく、社会学の立場から、生活している人間の立場から、今後も歴史都市に住み続けていく意義を考えていくことが必要であり、フィールドワークはそのためにも有効な手段となりうる。

6　おわりに

京都に限らず、歴史的な建物や町並みはいろいろな地域にある。「重要伝統的建造物群保存地区」は文化財保護法で守られている歴史的な町並みが揃っている地区で、全国に126か所も選定されている（2021年8月現在）。このような地区で活躍している団体もたくさんあり、全国町並み保存連盟にはそんな仲間が紹介されている。観光との関わりなどを切り口に比較検討してみるのもいいだろう。

そして、調査レポートを書いて終わり、ではなく、経験を生かして活動を続けていくことも検討してほしい。京町家カフェから次のフェーズへ、未来へ向かって、地域社会にも目を向けてほしい。京都に限らず、各地で活動することもできる。これから歴史都市がどうなっていくのか。若い人たちが住み続けたいまちになっていくのか。あなたのフィールドでの体験がこれからのまちづくりの力になるかもしれない。

ワンポイントアドバイス

調査者の立場は常に微妙である。バランス感覚を持っていろいろな人とお付き合いしながら、自ら成長していく、そんな気持ちで真摯に臨んでくだされば、地域も歓迎してくれるだろう。

参考文献

京都市都市計画局まち再生・創造推進室（2018）「京町家を未来へ　『京都市京町家の保全及び継承に関する条例』京町家条例のあらまし」

京都市、明倫自治連合会・明倫まちづくり委員会（2007）「祇園祭を受け継ぐ風格のあるまち、商いと暮らしが響きあうまち　明倫　まちづくりの目標と方針」

リーフ・パブリケーションズ編（2002）『京都町家でごはん100（Leaf Mook）』リーフ・パブリケーションズ

リーフ・パブリケーションズ編（2019）『Leaf』2019年12月号、リーフ・パブリケーションズ

宗田好史（2007）『中心市街地の創造力　暮らしの変化をとらえた再生への道』学芸出版社

宗田好史（2009）『町家再生の論理　創造的まちづくりへの方途』学芸出版社

中野正大・宝月誠編（2003）『シカゴ学派の社会学』世界思想社

丹羽結花（2006）「もてなしからみた京都の町家の現状　住まいと町家レストランの比較から」『京都工芸繊維大学工芸学部研究報告　人文』54号、131-146頁

丹羽結花（2015）「祇園祭のまちなみ　しつらえの現状」『京町家再生vol.6　まちなかに住み続けるために　美しく健全な町家改修とは』京町家再生研究会、36-45頁

高橋康夫（2001）『京町家・千年のあゆみ　都にいきづく住まいの原型』学芸出版社

第7話

「伝統文化」のフィールドワーク

——近代の発明としての盆踊り

足立　重和

1　はじめに

本章では、歴史分析をともなったフィールドワークの手法を説明したい。ここで題材にするのは、特定の地域に根差し、比較的に長い歴史を射程に入れて研究していかなければならない「盆踊り」である。

ところで、「盆踊り」がテーマと聞くと、「それってどうなの？」と違和感を抱く読者もいるかもしれない。というのも、カタカナで表記される「ポピュラーカルチャー」にふさわしいのは、他の章で取り上げられているようなマンガ、アニメ、アイドル、ゲームといった、テレビやネットを通じて消費される、〝今どき〟の娯楽コンテンツだからだ。一方、盆踊りは、ローカルな地域社会で密かに上演される〝昔ながら〟の「伝統文化」なんじゃないか、と。だから、本書の趣旨にそぐわないテーマのように思われるかもしれない。

そもそも英語の〝ポピュラー（popular）〟とは、硬くいえば「大衆的」であり、くだけていえば「人気のある」「よく知られている」という意味である。しかし、日本に暮らす者からすれば、「ポピュラーカルチャー」には、何らかの暗黙の前提が潜んでいるようだ。それは、①近・現代になって外から移入された、②メディアを媒介してローカルな領域を越えて広く流通する、③もっぱら消費される娯楽コンテンツなのである。そのうえで、これら①〜③の度合いが大きければ大きいほど、「ポピュラーカルチャー」と呼ばれるのにふさわしく、他方それらの度合いが小さければ小さいほど、それにそぐわないか、別のカテゴリー（伝統文化、地域文化など）が用意される。だから、盆踊りは、ポピュラーカルチャーというよりも伝統文化といったほうがよい、となるのだ。

しかし、昔から脈々と受け継がれてきたとされる伝統文化は、前述した「ポピュラーカルチャー」とはっきり区別されるものなのだろうか。というのも、社会学には、もうすでに「創られた伝統」あるいは「伝統の再創造」（ホブズボウムほか編 1992）という考え方があるからだ。[*1]

たとえば、「武道」を例にとろう。武道といえば、かつて武士階級が存在した日本社会において、長い歴史のなかで培われた〝伝統〟であると考えられるだろう。ところが、井上俊は、「武術や武芸の歴史は古いが、『武道』は近代の発明である」（井上 2004: 2）と断言する。ここでいう「近代の発明」とは、「武術や武芸が『武道』と呼ばれるようになり、武士道思想とも結びついて独特の形をとりはじめるのは、明治も後半になってからのこと」（井上 2004: 2-3）をさす。もう少し井上の研究をみてみよう。

＊1 「創られた伝統」についてわかりやすく、コンパクトにまとめられているものとしては、足立（2009）がある。

江戸期に盛んだった武術は、「文明開化」の明治期に入り、衰退を余儀なくされた。というのも、当時の武術は、「粗暴、野蛮、危険」であるとともに、一部見世物と化して「賤しい」イメージをまとっていたからだ（井上 2004: 17）。そんななか、講道館の創始者である嘉納治五郎は、旧来の柔術に武士道の精神論を注入して「柔道」と改め（すなわち、武「道」化し）、技を分類して体系化・理論化していき、ことばによって「説明可能」（井上 2004: 22）なものにしていった。さらに嘉納は、独自の段級制を取り入れ、入門者のモチベーションを高める、修行の近代化・合理化を果たす。この柔道のもつ近代性や合理性は、高等教育機関を中心に国内だけでなく、海外へも普及していき、やがてスポーツ化していく。その後、いったんスポーツと化した柔道は、戦時中の軍国主義のもとで過度に武士道精神が強調されたり、敗戦後の民主化・国際化のなかでオリンピックの正式種目として再び近代性・合理性をもつスポーツの側面が強調されたりして、今日に至っている（井上 2004: 188）。つまり、柔道によって牽引された「武道は古来の伝統文化ではなく、明治中期以降に武術や武芸が『近代化』される過程で形成された近代文化」（井上 2004: 189）なのだ。

とすれば、盆踊りにも「伝統の再創造」論があてはまるのではないか、というフィールドワークの見通しが立つだろう。先行研究によれば、西欧文化を「進んだ」「優れた」ものとした明治政府は、盆踊りを「下品、浪費、享楽、喧嘩などの醜態が繰り広げられる『旧来の悪習』」（稲垣 2002: 169）として公的に禁止し、厳しく取り締まったという。ここでいったんその伝統は途絶えているはずだ。だがその後、盆踊りは見事に復活を果たすのだが、そこには近・現代という時代に沿った大幅な改変や創造が見られるのではないか。またわれわれは、そんなことを意に介さずに、盆踊りを「伝統」と信じてきたのではないか。そのようにとらえるならば、実は、最初に述べた意味での「ポピュラーカルチャー」に盆踊りを含めても、さほど的外れではないと言えるのだ。

そのような盆踊りの代表格に、筆者が長年フィールドワークしてきた岐阜県郡上《ぐじょう》市八幡《はちまん》町の「郡上おどり」がある。そこで本章では、「郡上おどり」を事例にして、近代の発明としての盆踊りはどのように形づくられていったのかを明らかにしたい。

ただし本章では、これまでの文化社会学者や歴史社会学者が好んで扱いがちな、著名人によって書かれた文字資料での「活発な言説活動」（井上 2004: 48）よりも、著名人ではない、長年ふつうに踊っている人びとの身体に刻まれた、1人では何ともしがたい〝感覚的な変化〟を問題にしたい。そのような身体感覚の変化は、けっして書かれないし、記録にも残らない。それをとらえる具体的な方法は、地元住民へのインタビュー、踊り場への参与観察はもちろんのこと、現地で生活するなかで繰り返される〝問わず語り〟を調査者の身体に刻んでいくというシンプルなものである。

そのような〝問わず語り〟に出会うときは、たいてい調査者側では「調査の構え」ができていない。たとえば、ふらっと踊り会場に立ち寄った際、地元住民が長椅子を出してビール片手に談笑しているとき、そのなかに知り合いがいて「おいおいおい！」と声をかけられ、筆者もビールを渡されて仲間に入れてもらっていると、そこに偶然居合わせた地元の古老から昔の踊り会場の雰囲気をとうとうと語られたりする。また1年後、別の踊り会場付近を歩いていると偶然、昨年までお囃子の名手として美声を聴かせていた名人に出会い、その彼が踊りの輪を指さし、「こんなもんですよ」と嘆きながら、踊りを上演する地元組織の内部情報がもたらされる。そんなときは、1人になってからノートをとっている。[*2]

このような方法こそ、本書のタイトルである「ポピュラーカルチャーからはじめるフィールドワーク」の醍醐味であろう。この醍醐味から得られた歴史分析はどのようなものであり、またその分析から盆踊り全般にいったい何が言えるだろうか。これらの点を本章では示していきたい。

2　郡上おどりとの出会い

まず、筆者はなぜ郡上おどりを研究するようになったのか、その出会いを記しておこう。

岐阜県郡上市八幡町（以下、郡上八幡）は、人口約1万3000人の小さな町であり、岐阜県の中央部、木曽三川の1つ長良川の河口から約100キロメートル上流に位置し、岐阜市内からだと高速道路で北へ1時間ほど行ったところにある。

この町は、中世期に盆地を見下ろす小高い山に郡上八幡城が築かれて以降、木造家屋が密集する町場の様相を呈してきた。古い町並みとともに市街地区には用水網が整備され、そのきれいな水は町の真ん中を二分する吉田川から取水されている。吉田川は本流の長良川の河口から遡上する天然アユ漁のメッカであり、川のなかでは長い竿をもって釣りをする多くの釣り人を

*2　相手に「調査」であることを断っていないノートの取り扱いだが、日本社会学会が制定した「日本社会学会倫理綱領にもとづく研究指針」には、次のような方針が示されている。「フィールドワークのなかには、調査者としてのアイデンティティをいったん措いて対象の世界にとけこむことをもっとも重視するという手法があります。このような手法をとる場合、『調査対象者に事前に調査の目的を説明し同意を得ておく』ことが、対象者との自然な関係の構築を妨げることにならないかという懸念が生じることがあります。このように事前に同意を得ることが困難な手法をとらざるをえない場合には、調査結果の公表前に、調査対象者に対して調査を行っていたことを説明し、了解を得ておくことが原則です」（日本社会学会 2006）。よって、もしこのようなかたちで記録したノートの内容を公開しなければならないときは事前に、話してくれた地元住民の許可をとらなければならないし、筆者もそのようにしてきた。なお、筆者が「郡上おどり」について集中的にフィールドワークをしていた時期は、1997～2003年のあいだである。それ以降は、踊りをきっかけに親しくなった、地元の文化活動を牽引するグループの頼母子講に参加しながら、現在も郡上八幡でのフィールドワークを続けている。

図7-1　郡上八幡

出所：筆者撮影。

目にすることができる。またこの町は、四方を山に囲まれているため、天然水に恵まれており、あちこちで水が湧き出ており、それを地元住民は独自に工夫して利用してきた。このような「水の町」として、郡上八幡は全国的に有名なのだ（図7-1）。

そのような田舎とも都会とも言えない、独特な景観に魅せられた筆者は、大学院生時代、地元の釣り人たちを中心にした長良川河口堰建設反対運動に関心をもち、大規模公共事業が引き起こす環境問題を研究していた。ところが、フィールドワークをするにつれ、現代的な環境運動に〝伝統的〟な意思決定のしくみをもちこむ郡上八幡の人びとのほうに強くひきつけられるようになった。ならばいっそのこと、現代において自分たちの伝統をもって生きる郡上八幡の人びとの〝生きざま〟（足立 2010: 288）をモノグラフとして描いてはどうか――そのようなモノグラフ的な関心の一環として浮上したテーマが「郡上おどり」であった。

郡上八幡は、「水の町」であるとともに「踊りの町」でもある。そこで踊られる盆踊りである「郡上おどり」は、10種類の踊り種目の総称で、毎年夏7月中旬から9月上旬までのほぼ2か月間のうちの30数夜、郡上八幡市街地のどこかで、しかも町内の目抜き通りを会場にして、自治会などの主催で踊られている。この踊りは、30数夜というロングランもさることながら、お盆の4日間（8月13・14・15・16日）を徹夜で踊るという「徹夜おどり」で有名だ。

踊りのかたちは輪踊りで、中央に移動式の「屋形」を置き、そこに音頭取り、三味線、笛、太鼓などのお囃子方が乗り、演奏する。その周りを多くの踊り手が輪になって取り囲んで踊る。本番の30数夜のお囃子と踊りを一手に引き受けるのが、踊り好きの地元有志で1923（大正12）年に設立された「郡上おどり保存会」（以下、保存会）である。「保存会」は、組織としてお囃子部と踊り部に分かれており、お囃子部が屋形に乗ってお囃子を、踊り部は輪に入って踊りの手本を披露する。踊りを取り仕切っているのは「保存会」だが、その輪には「保存会」以外の地元住民だけでなく、多くの観光客も輪に入って踊ってもよい。むしろ、地元では、輪に入って踊りを楽しむ観光客を積極的に受け入れてきた。「保存会」は、そういう観光客のために、踊りマニュアルを作成したり、踊り上手には「踊り免許状」を発行したりといった観光客サービスに徹した。その甲斐あって、1シーズンおよそ30万人の観光客が踊り目当てにこの町にやってくる。毎年踊りシーズンになると、必ずと言っていいほど全

図7–2　郡上おどり

出所：筆者撮影。

国ネットのテレビで取り上げられるほど、盆踊りは町の重要な観光資源なのである(図7－2)。その一方で、この踊りは、「美濃北部山村の豊富な民謡を背景にした独特の手を伝えている」(文化庁文化財保護部 1996: 11)として文化庁から1996年に国重要無形民俗文化財に指定されている。ふつう、これだけ観光化が進んでいたら、昔から伝わるかたちが崩れ、文化財指定は難しいはずだ。他方、文化財指定がなされるほどの昔のかたちを残していれば、今度は今どきの観光に耐えうるだけのおもしろさをもっているのか、といった疑問がわく。ところが、「郡上おどり」の場合、現代において矛盾する観光と文化財を見事に両立させている。地域づくりの資源として、なんとすばらしい盆踊りであろうか。

そのような期待をもってフィールドワークに臨んだのだが、地元ではさぞかし〝熱狂的〟に踊りをとらえているかと思いきや、聞き取りをすればするほど浮かび上がってきたのは、「地元の踊り離れ」であった。それは聞き取りの場面だけではない。筆者は1998年夏、30数夜すべての踊り会場を参与観察したが、とくに印象的だったのは、その日の踊りを主催する地元住民が屋形を町内に置くなどして準備をした後に、いったん自宅に引っ込み、踊りが終わる頃になると「そろそろか……」とばかりに会場へ出てきて、皆で後片づけをすることであった。自分たちの町内の踊りであるにもかかわらず、準備と後片づけだけして彼らは踊らないのだ。その裏方的な行動は、本番の踊りの時間に元気よく踊る観光客の姿とはまったく対照的であった。いったいこの踊りの主役は誰なのだろうか。

1シーズン約30万人の観光客を呼び込み、国重要無形文化財にも指定されている「郡上おどり」は郡上八幡人にとって〝誇らしい〟ものであるにもかかわらず、なぜ地元住民は踊らないのか。そこには、この踊りが近代以降にたどらざるをえなかった「郡上おどり」の近代史が深く関わっているのだ。次節ではそれを追っていこう[*3]。

3　郡上おどりがたどった近代史

(1)　なぜ盆踊りだったのか

その前に、そもそもどうして郡上八幡ではこれほどまでに盆踊りが盛んなのか。なにゆえに盆踊りだったのか。これらを考えるには、近代よりもさらに時代をさかのぼる必要がある。このあたりの歴史になると、地元の郷土史の成果に頼るしかない。よって、以下の歴史分析では、

*3　以下の第3節は、既発表の著書の一部や論文（足立 2010: 31-50, 118-120; 2015; 2019）をもとに大幅に書き改めたものである。

中世から現代までの歴史を扱うが、時代をさかのぼるにつれて郷土史家による歴史記述の比重が大きくなる一方で、時代を下るにつれて筆者によるフィールドワークの比重が大きくなることをあらかじめ断っておきたい。

中世期に城が築かれて以降、城下町には職工人、商人が多く住み着き、とくに江戸期には財政的に豊かな豪商が現れるようになる。彼らは、町の西側を流れる長良川に舟を浮かべて物資を運ぶ「川運」によって、近郷に散らばる村々と長良川下流部の都市をつないで大儲けした。このような豪商たちを、地元では「町衆」と呼ぶ。町衆たちは、自分たちが稼いだ財を町のために寄付したり、江戸後期には郡上藩にまでお金を貸し付けたりして、町の政治的・経済的なリーダー層に上り詰めていった。

明治期に入り、郡上八幡は、裁判所、警察署、郵便局などの官公庁が集中する、郡上郡一円の政治・経済的中心地であった。とくに山間の村々で紡がれる生糸は、国全体を近代化させるための外貨獲得の手段として重要な国策とも言える産業であった。当然、郡上八幡の町衆たちは、その生糸を扱って大いに儲けた。そこで得られた多くの財は、彼らの家業だけでなく、自らの趣味（＝道楽）にも多量に注ぎ込まれた。その趣味とは、俳句、連句、文学、茶道、華道、絵画、芝居、写真、民芸品収集などの多岐にわたり、彼らは直接、中央の文壇や芸術界とつながって文化を消費するだけでなく、なかには自らも生産者として優れた作品を発表する者も現れた。このような町衆がつくりあげた趣味の世界は、内陸にある小さな町であるにもかかわらず、名古屋・岐阜にも匹敵する最先端の文化的中心地の一角として郡上八幡の地位を押し上げた。

しかし大正期に入ると、郡上八幡の経済に陰りが見え始める。というのも、この町の経済を支えてきた生糸と川運が衰退したからである。明治期の国策として位置づけられた生糸をはじめとする軽工業は、この頃にはもう重工業にとって代わられるようになる。また、川運も鉄道網の整備によって衰退し、当時まだ鉄道が敷かれていなかった郡上八幡はすっかり取り残されてしまった。それまで、歩くか、馬か、川船かという移動手段しかなかった時代において、内陸の郡上八幡は、歩いて山を越えれば福井・京都へ、あるいは長野・山梨へ、川で下れば岐阜・名古屋へというように、日本海側、関西、信州、東海をつなぐ交通の要衝であった。ところが、近代以降の鉄道網の発達により、鉄道のみが唯一の移動・物流手段と考えられるようになると、それ以外の地域に属する郡上八幡は、「僻地」になってしまった。さらに追い打ちをかけるように、この時期に郡上八幡では、町の大半を焼き尽くす大火が起こっている。これも町に大きなダメージを与えた。

このような窮状を乗り越えるために見出されたのは、町の観光化であった。大正から昭和初期にかけて、郡上八幡は、「桜」「城」「清流」を見どころにする観光の町にシフトしていく。

そこで最大の観光の目玉になったのが、「盆踊り」だったのだ。

（2）盆踊りの神聖化

このような動きに呼応するように、文化の最先端をいく町衆たちを中心に町では盆踊りを保存・継承する団体設立の機運が高まった。だが、公式的な団体の結成には、乗り越えなければならない2つの大きな問題があった。1つは明治初めに公的に禁止されたことでうまく継承されてこなかった踊りをどうやって復興させるかであり、もう1つは禁止対象である盆踊り団体の結成をどのようにして国家権力に認めさせるかであった。

本章の冒頭でも述べたように、盆踊りは、近代に入って全国的に禁止されており、岐阜県でも1874（明治7）年の県令において「悪習」として同様の措置がとられていた（寺田編 1997: 67）。そのため、郡上八幡の盆踊りの伝統はいったん途切れており、なかには踊りの手があいまいな踊り種目もあったという。そこで、町衆を中心とする地元有志は、当時栄えていた郡上八幡の花柳界の力を頼った。具体的には、芸者たちがお座敷で披露する日本舞踊を盆踊りに取り入れたのだ。このときに生まれたのが、郡上おどりを代表する「新かわさき」である。「新かわさき」のはじめの手である「月を仰ぎ見て……」というあのポーズは、まさに日本舞踊からきている。さらに、踊りのお囃子には三味線、太鼓、笛の鳴り物が取り入れられた。このようにして、地元有志は、郡上地方一帯で踊られていた、豊富な踊り種目のうち7種類だけを選定（後に3種類を追加）し、「郡上おどり」として囲い込んだ。つまり、ここで「郡上おどり」は誕生したのだ。

そうなってくると、今度はそれを保存・継承する団体の設立だが、地元有志たちは、警察に設立を認めるように働きかけた。その交渉のなかで、近代西欧文化を基準にした「悪習」としての盆踊りイメージを払拭するために使った文言が〝郷土愛〟だった。郷土愛の表われを設立の目的にかかげることで、1923（大正12）年、地元有志は、「保存会」を正式に設立することに成功する。[*4] このとき、「保存会」に関わる地元の文化人たちは、「権力との無用な摩擦を避け」「『官民意志疎通』を旗印に健全なる娯楽として復興」（郡上おどり史編纂委員会編 1993: 230）す

＊4　ここでどうして郷土愛ということばを用いることで盆踊り団体の設立が認められたのか。それは当時の政府の思惑と一致したからである。近代に入って、明治政府は、天皇を頂点とする「日本国」というナショナリズムを国民に定着させる必要があった。それが大正期に入ってほぼ達成されると、次に政府は、国の隅々まで、国民一人ひとりまでナショナリズムをさらに貫徹させるために、各自の郷土愛を利用して、その郷土を支えている国家への忠誠心を植え付けようとした。この点については、2003年2月16～18日に開催された研究会にて、歴史学者の高木博志教授からのご教示による。なお、この部分の誤りについてはすべて筆者に責任があることを断っておきたい。

るために、「江戸時代の領主が士農工商融和を図って盆踊りを奨励した」という「郡上おどり」の起源のストーリーを創作する。このストーリーは、「郡上おどり」が近代になって発明された文化コンテンツであるにもかかわらず、さも約400年ものあいだ脈々と受け継がれた伝統であるかのように現在まで語り継がれていく。これ以降、保存会を中心に町は、観光資源として意識的に「郡上おどり」の保存・継承活動に乗り出すようになった。

しかし、実際の踊りの現場では、国家権力側の公的な承認と引き換えに、そもそも盆踊りがもっていた猥雑さ、あやしさ、その土地らしさが失われていった。たとえば、1925（大正14）年の保存会会議録には、

おどりの人びとへ／運動は神聖です／おどりは清き人情美の発露です／また男女和楽の表現です／一、ワイセツなる歌をうたわぬ事／一、風俗をみださぬこと（郡上八幡町史史料編編纂委員会編 2004: 499）。

とあるように、地元住民が卑猥な歌を歌っていると警察から承認された「健全な娯楽」にそぐわないとして、「保存会」がそれをやめるよう強く注意を喚起した。このような地元住民どうしの自主規制は、国家権力による公的な承認のもとでの盆踊りの存続にとってやむをえない

ことだったが、その反面、歌は健全な歌詞に固定化され、踊りの現場での今・ここでしか味わえないユニークな歌詞の即興性は奪われていく。このような歴史的な流れを、本章では「盆踊りの神聖化」（足立 2010: 118）と呼んでおこう。

（3）盆踊りの観光化

大正から昭和初期にかけて、「保存会」は、地元だけでなく、都市部で開かれるデパートの物産展や民謡大会などで「郡上おどり」を披露し、郡上八幡の観光を大いに宣伝した。また、彼らが奏でる「郡上節」は、「民謡」という新ジャンルのもと、レコードやラジオといった近代メディアを通じて都市部にも浸透していった。

戦後すぐの民謡ブームに乗り、郡上八幡には、「健全な娯楽」をもとめて多くの観光客が押し寄せた。実は、当時の地元での踊りは、まだ第2節で述べたような現在の形態をとっていなかった。地元住民は、電気照明も、マイク・スピーカーも、屋形も、三味線などの鳴り物もなく、薄暗いお寺の境内で、3～20人の小さな輪を複数つくり、それぞれが別々の踊り種目を踊っていた。それぞれの踊りの輪では、皆が歌うことができるので、今のようにお囃子手と踊り手が別ではなく、皆歌いながら踊っていた。かつての盆踊りは、歌が中心で、踊りは歌に合わせて足で地面を蹴って下駄を鳴らし、手の動作は適当であったという。もちろん、踊りの種目のはじめから終わりまで皆で揃って歌い踊るのではなく、その輪をひっぱる1人の音頭取りがいる。その音頭取りをどう決めるかといえば、次の踊り種目の歌いだしに、音頭を取りたい者たちが全員で声を重ねて歌う。このとき、高音かつ大きな声で息長く歌った者が次の歌の音頭を取ることができる。また、音頭取りには、即興で歌詞を創作しながら歌うことが求められる。そうして美声を聴かせ、おもしろい歌詞を即興で歌う音頭取りの輪に自然と地元住民が集まり、やがて輪が大きくなってくると、音頭取りは、踊りをやめて輪のなかに入って、踊りの進行方向とは逆に歩きながら歌だけを担当するようになる。

ただそうやって1人の音頭取りが大きな輪を独占し続けていると、歌が聞こえないなどで集中できなくなって、やがて一部の踊り手から「こんな踊りはおもしろないで〜」と曲に合わせて歌いながら勝手に数人の仲間とともに輪から抜けて、新しい輪をつくって別の種目を踊っていく。このように、かつての踊り会場は、誰が音頭を取るか、いくつ輪があるのか、どれくらいの輪の大きさか、などでかなり流動的でダイナミックな形態だったのだ。これを地元では「昔おどり」と呼んでいる。

ところが、そのような地元住民だけが踊っている本場の踊りに、多くの観光客が入ってきた。はじめは彼らも、遠巻きに踊りの様子を眺めているだけだったという。だがほどなくして、輪のなかにいる地元住民の誘いに応じて、見よう見まねで踊るようになっていった。地元住民も、輪のなかに入って踊る観光客を大いに歓迎した。そうすると、あまりにも多くの観光客が小さな複数の輪に入ってきたため、踊り場は混乱をきたした。そこで、1953（昭和28）年、町行政と「保存会」は、お囃子方が乗る屋形を導入し、屋形を取り巻くように1つの大きな輪で踊るという現在の形態に整理した。このことによって、踊りそのものは、屋形に乗ってお囃子だけに専念するお囃子方と、お囃子に合わせて屋形の周りを踊ることに専念する踊り方の2つに分離した。さらに、屋形でお囃子を担当するのは「保存会」のお囃子部の精鋭に限られ、踊りの輪のなかでは「保存会」の踊り部の手本に合わせて、大勢の観光客は静かに踊るという構図ができあがる。その構図のもとで、「保存会」は、観光客へのサービスとして、踊り方のマニュアルを作成したり、免許状を発行したりして、「郡上おどり」の主導権を保持していった。

だがその一方で、「保存会」以外の地元住民は、自由に踊り場で歌うことができず、観光客とともに静かに踊るしかなかった。つまり、彼らは〝声〟を奪われてしまったのだ。もちろん、地元住民も当初は黙ってはいなかった。筆者の聞き取りでは、夏の踊りの輪のなかで注目を集めようと、シーズンオフの冬の寒い夜に、吉田川の川岸で人知れず「郡上節」を練習するほどの音頭取りもいたという。そんな音頭取りたちが「保存会」が取り仕切るメインの踊りの輪以外に、自分たちだけで勝手に小さな輪をつくっていつもどおり踊っていると、保存会員がやってきて、メインの輪に入るよう注意して回るため、ときに小競り合いがあったという。また踊りも、それまで型などはなかったのだが、大多数の観光客が踊り方のマニュアルどおりに踊ろうとするので、地元では「まるでロボットが踊っとるみたい」と評されるようになった。つまり、踊り場には、観光客ファーストの「盆踊りの観光化」（足立 2010: 118）が起こったのである。

（4）盆踊りの家元化

盆踊りの観光化が進むと、踊り場では、「保存会」はホスト、観光客はゲストというホスト－ゲスト関係が優先されるようになる。そうなると、ホストである「保存会」は、屋形の上から、また踊りの輪のなかから、ゲストである観光客の期待に応え、満足して帰ってもらわなければならなくなる。彼らは、何もその場でお金を取って芸を売るプロの芸人ではないにもかかわらず、そうやって観光客に満足感を与えることが、「町のためになる」という使命を一手に引き受けることになった。

一方、「保存会」以外の地元住民も、盆踊りの観光化を〝よし〟とした。たとえば、1923（大正12）年の「保存会」発足時の踊り日程は12夜だったのが、1961（昭和36）年では現在とほぼ同じ33夜に膨れ上がっている。これは、自治会をはじめとする地元団体が、身近にある神社仏閣、お地蔵さん、地元の偉人などの縁日にかこつけて、観光客を呼び込むべく踊りの日を主催したからである（寺田編 1997: 70）。これらの日程すべてに踊りの技術面で招かれたのが、町で唯一の踊り団体である「保存会」だった。

「観光客の前で下手な芸は見せられない」と、「保存会」は、お囃子や踊りの技術レベルを上げようと努力した。会では、すでに幾人もの天才的な名手を輩出していたが、その名手たちを「師匠」にした「師匠－弟子」のような指導体制がとられるようになる。その指導は、そもそも盆踊りが民俗芸能という素人芸であることをすっかり忘れたかのように、プロ並みの厳しいものであったという。そのような厳しさは誰のためかと言われれば、直接は観光客のためであり、ひいては地元住民のためであった。これにより、郡上八幡での「保存会」の威厳は、ますます高まっていった。

だがその一方で、そのような厳しい徒弟制は、ときとして保存会内部の派閥争いを生んでしまった。それはこういうことだ。戦後すぐの盆踊りの観光化によって、「郡上おどり」の上演は、お囃子方と踊り方に分離した。このとき、お囃子方は、屋形の上から自分たちのお囃子しだいで踊り全体の良し悪しが決まるというエリート意識をもつようになる。当然、そのような意識に不満なのは、踊り方である。さらに、そのようなエリート意識を背景に、お囃子方の内部では、正統な郡上節をめぐる師匠どうし、あるいは、弟子どうしの解釈の違いが潜在することになる。すると、お囃子方と踊り方のあいだで、また、お囃子方の内部での行き違いがときに派閥争いにまで発展するのである。

このような、観光客の視線を意識して後継者への指導が厳格な徒弟制をとる歴史的な流れである「盆踊りの家元化」（足立 2010: 119）によって、たとえ踊り好きの地元住民であっても、指導の厳しさや派閥争いを聞きつけて、「保存会」への入会をためらうのだった。

以上の歴史的な流れである、盆踊りの神聖化、観光化、家元化の積み重ねから、地元住民は、「郡上おどり」に魅力を感じなくなり、それから徐々に遠ざかっていき、やがては踊らなくなったのである。言い換えれば、「郡上おどり」が外部の観光客のニーズに応えれば応えるほど、踊り自体が〝よそいき〟になってしまい、思わぬかたちで地元住民が置き去りにされてしまったということなのだ。

4　おわりに

本章では、伝統の再創造論の視点から、「郡上おどり」を事例にして、近代の発明としての盆踊りはどのように形づくられていったのか、を明らかにしてきた。ここから明らかになったのは、盆踊りという伝統が実は近代においてつくられたものであり、事例である「郡上おどり」でいえば、盆踊りの神聖化、観光化、家元化という時代を追って積み重なった歴史であった。このような歴史のなかで、郡上八幡では、観光客のニーズを組み込んだ「郡上おどり」を売り出して、多くの観光客を呼び込むことに成功する一方で、地元住民のあいだで「地元の踊り離れ[*5]」という思わぬ現象を呼び寄せてしまったのだ。

このような歴史分析が可能になるためには、①フィールドに出る前に、自分のテーマに関する社会学的な議論をふまえて見通しを立てること、②特定の場所をもつ文化の場合、そこに通い詰めること、③通い詰めての歴史分析を志向する場合、地元住民が書いた地元史料を集めて読み込むこと、が前提として必要になってくる。このような①～③をへたうえで、ここからが盆踊りの歴史分析の真骨頂なのだが、④現地にて聞き取りや参与観察といった〝改まった調査〟だけではなく、地元住民から突如として発せられる〝問わず語り〟を、まずは記録にこだわらずにいったん調査者の身体に刻み込んでから記録するシンプルな方法がとくに重要になる、

＊5　この「地元の踊り離れ」に対して、地元住民はただ傍観しているだけではなかった。踊り離れを食い止めるために、「保存会」以外にも、地元有志による踊り団体がいくつも結成され、「郡上おどり」の公式日程のなかで、様々な踊りイベントをしかけていった。それらが一般住民にも認知されたからだろうか、近年筆者が郡上八幡を訪れると、「地元の踊り離れ」という語りをあまり耳にしなくなった。これらさまざまな踊り団体の活動とその活動を支える地元住民の〝感受性〟については、足立（2010：121-128, 141-154）を参照のこと。

ということだ。このような①〜④の手順は、これから盆踊りのような特定の場所をもつ文化をフィールドワークする初学者への手引きになるのではないだろうか。

では最後に、これまでの歴史分析から盆踊りといった地域の文化にいったい何が言えるのかを論じて本章を閉じることにしたい。まず言えるのは、先述した「地元の踊り離れ」という地域の問題は、盆踊りそのもののあり方に深く関係している、という点である。たとえば、本書の他の章で扱っている、マンガ、アニメ、アイドル、ゲームなどのテレビやネットを通じて消費されるポピュラーカルチャーであれば、コンテンツをしかける生産者とそれを楽しむ消費者が基本的に分離されている。そこでの生産者は、大多数の消費者のニーズに応えようとするのが常である。ところが、盆踊りの場合、しかける者（＝生産者）とそれを享受する者（＝消費者）は同じ「地元住民」であり、盆踊りをしかけることと同時にそれを楽しむことがひとつに完結している。つまり、そもそも盆踊りは地元住民に〝自家消費〟されるものなのだ。とそこへ、盆踊りをしかけることとそれを楽しむことを切り分けてしまって、楽しむことを観光客に優先的に譲り渡してしまうと、地元住民は、「勢い自分たちの面白くない時にも、なお空々しく踊らねばならぬ境遇」（柳田 1990: 473）に陥ってしまい、やがて盆踊りをしかけ続けようという意欲をなくしてしまう。そうなると、いったい誰が盆踊りを続けていくのだろうか。

ところが、本章の歴史分析を振り返ると、観光化以前の「昔おどり」が踊られていた時期は、

「保存会」のような特定の団体への入会に関わりなく、老いも若きも地元住民なら皆が歌い踊ることができた「伝承者」であった。今の少子高齢化時代からすれば、町民全体が伝承者であるということは何とも層が厚く、心強いのではないだろうか。だとすれば、盆踊りの場合、いくら地域活性化だからといって、観光客（＝消費者）のニーズに何でもかんでも応えたらいいというわけではなく、その良し悪しを見極めたうえでどこまで応えていけばいいのかを自分たちで判断しなければならないのだ。

それでは、盆踊りの神聖化、観光化、家元化という「郡上おどり」の約100年の歴史は地元住民にとって望ましくないものであったのか。けっしてそうではない。というのも、伝統の再創造論に導かれた本章の歴史分析は、「現時点から歴史をさかのぼった」からこそ言えることであって、その時々ではそれが最善の選択であり、それが最も地元住民のためになると意図していたからだ。とくに大正期、郡上八幡の町衆たちが町の観光化に舵を切り、「郡上おどり」を再創造し、観光資源にするという先見性には目を見張るものがある。もしそれがなければ、「郡上おどり」をはじめ郡上八幡の生き残りはなかったといっても過言ではない。その大正期を起点にして、それがベストという選択をした後、その選択に制約を受けてまた次の時点にもベストな選択をし、それでまた……というかたちでその時々にベストな選択を積み重ねていった結果、やがて地元住民が踊らなくなったという思いもよらない事態を迎えたのである。

そうであるならば、われわれは、本章のような歴史分析を教訓にして、これからの盆踊りといった地域の文化に向けて、どのような生活の側面に、どう活かしていくのか、を考えていかなければならないだろう。

ワンポイントアドバイス

フィールドワークから論文を書く場合、記録したノートをめくったり、録音を聞き返したりするまでもなく、フィールドの特徴が自然にえがけるまで、できるだけそこに入り込むことが大切である。

参考文献

足立重和（2009）「伝統文化の保存と継承」鳥越皓之・帯谷博明編『よくわかる環境社会学』ミネルヴァ書房、138－140頁

足立重和（2010）『郡上八幡 伝統を生きる――地域社会の語りとリアリティ』新曜社

足立重和（2015）「郡上おどりの継承を考える」『追手門学院大学社会学部紀要』9号、141－153頁

足立重和（2019）「新しい令和の時代と郡上おどり」郷土文化誌 郡上Ⅱ編集部編『郷土文化誌 郡上Ⅱ』第3冊、80－83頁

文化庁文化財保護部（1996）「新指定の文化財」『月刊文化財』399号、4－42頁

ホブズボウム、エリック／テレンス・レンジャー編（1992）『創られた伝統』前川啓治・梶原景昭ほか訳、紀伊國屋書店

郡上八幡町史史料編編纂委員会編（2004）『郡上八幡町史 史料編第六巻（近現代編）』八幡町
郡上おどり史編纂委員会編（1993）『歴史でみる郡上おどり』八幡町
稲垣恭子（2002）「若者文化における秩序と反秩序——盆踊りの禁止と復興をめぐって」稲垣恭子・竹内洋編『不良・ヒーロー・左傾——教育と逸脱の社会学』人文書院、159-177頁
井上俊（2004）『武道の誕生』吉川弘文館
日本社会学会（2006）「日本社会学会倫理綱領にもとづく研究指針」、日本社会学会ホームページ、https://jss-sociology.org/about/researchpolicy/（最終閲覧日２０２２年４月29日）
寺田敬蔵編（1997）『改訂版 郡上の民謡』郡上史談会
柳田國男（1990）「郷土舞踊の意義」『柳田國男全集18』筑摩書房、471-479頁

あとがき

フィールドワークについて

本書は、文化、主にポピュラーカルチャーについてのフィールドワークに関する入門書・指南書である。取り上げられた項目は、さまざまである。博多どんたく、京町家、盆踊り、オンラインゲーム、アニメ、アイドル、鉄道オタクなど、「伝統文化」と呼ばれるものから「サブカルチャー」と呼ばれるものまでの「文化」を扱い、そのフィールドにどうやって入り、どうやってデータを得るか、その結果をどうまとめるかについて、各執筆者がわかりやすく丁寧に書いてある。

フィールドワークは、その現場に入らないと得ることができないデータを得る方法である。同時に、他者との出会い、ふれあい、コミュニケーションを行い、他者を発見すると同時に、自分自身を発見する場でもある。そういう意味では、人によっては、フィールドワークの結果をまとめたレポートや論文よりも、フィールドワークを行った経験やそこから得られたものに意味があるのかもしれない。

基本的にフィールドワークは、フィールドに行く、現場に入る、インタビューや参与観察などを行ってデータを得る、それを用いてレポートや論文を書くための方法である。あまり難しく考えずに、フィールドワークに挑戦してほしい。困ったら、この本を読み返してみよう。1920年代から質的社会調査法やフィールドワークを行ってきたシカゴ学派に次のような言葉がある。「データは分析より長持ちする」（バーバラ・セラレントによるフランシス・ドノヴァンの*The Woman Who Waits*（1920年）についての2009年の書評）。みなさんの行ったさまざまなフィールドワークとそのデータ・文章は、今後の新たなフィールドワークに生かされる可能性がある。

調査倫理

実際にフィールドに出れば、いろいろな問題が生じてくるだろう。たとえば、調査対象者やインタビュー相手から金銭などの報酬を要求されたり、そのフィールド調査の本質に関わる重要な事柄についてオフレコで「表に出さないで」と言われたり、お酒の席に誘われてインタビューをしなければならなかったり、フィールド内のこじれた人間関係やしがらみに巻き込まれたり、特に女性の場合に調査者ではなく「女性」として見られたり扱われたり、フィールド自体の宣伝や特定の個人・団体の運動への参加や広報を求められたりなどがありうる。

そういうときは、各大学の調査倫理委員会への相談や日本社会学会の定める「倫理綱領にもとづく研究指針」と調査における基本的配慮事項を参照しよう。これには、①研究・調査における社会正義と人権の尊重、②研究・調査に関する知識の確実な修得と正確な理解、③社会調査を実施する必要性についての自覚、④所属研究機関の手続き等の尊重、⑤研究・調査対象者の保護、⑥結果の公表、⑦データの扱い方、⑧教員による指導の徹底、⑨謝礼の扱い方、などについて記載されている。とりあえずフィールドワークで問題が生じたら、指導教員に相談しよう。そしてフィールドワークを行っている友達や仲間たちと、その問題について情報を共有しておこう。フィールドにどこまで踏み込むのか、その関係者らとどのように関わるのかについての線引きをあらかじめ決めておこう。

コロナ禍でのフィールドワーク

2019年12月初旬に、中華人民共和国の大都市・武漢で、COVID-19（通称「新型コロナウイルス」）の1例目の感染者が報告された。それから数か月の間に、全世界へと広まり、世界的なパンデミックを引き起こし、それは今なお続いている。COVID-19は、２０２２年9月20日現在、全世界で6億１２００万人あまりの感染者と約６５０万人以上の感染死亡者を出している（ジョンズ・ホプキンス大学COVID-19 Dashboardより）。このパンデミックによって、人や物の移動や交流・交換が停滞、もしくは大幅に制限され、世界経済はかつてない規模での不活性化と不況に直面している。COVID-19との共存の道が模索され、「大流行は終わった」という言説も見られるものの、変異株や「新型」の感染症への警戒はこれからも必要となるだろう。

感染の拡大が生じると、大学も立ち入り禁止や対面授業の中止が行われ、オンライン授業に切り替わり、大学生のキャンパスライフにも大きな影響を及ぼす。フィールドに入って、他者と交わり、コミュニケーションを行って、データを得ることが難しくなる。政府や都道府県、所属大学の活動指針にもとづいて、感染予防対策を徹底して行い、細心の注意を払って、調査活動を行うように心がけよう。体調管理やフィールドの状態を確認しながら、「可能なフィールドワーク」を実施してほしい。

たとえば、感染拡大期には対面的なフィールド調査は控えるなど、時期や調査対象者たちのことを考えて、フィールドワークの計画を練ってみよう。また、ZoomやMicrosoft Teamsを使えば、オンライン会議や対面インタビューは可能になる。そのうえ、録画ボタンをクリックすれば録画までしてくれる（もちろん相手の了承が必要である）。また、GoogleマップやGoogle Earth

を使えば、フィールドの地図や俯瞰図が手に入り、予備学習ができる。気になった場所や建物をマーキングやメモしておけば、実際にフィールドに入ったときに、「あの場所は何ですか？」や「あの建物はいつ誰が、何のために作ったのですか？」などの質問ができる。時にはこういう問いかけが会話を弾ませるきっかけになったり、相手が「この人はこの地域のことをよく勉強しているな」と思って協力的な反応が得られることにもつながる。感染拡大期でフィールドワークの実施が難しいときには無理をせず、こういったデジタルツールに頼ってみよう。コロナ禍を受けて社会全体で社会空間のデジタル化やオンラインへのシフトが進むなかで、コロナ禍での可能なフィールドの選択やフィールドワークの手法を考えてみよう。

２０２２年９月

編者　圓田　浩二

塩見 翔（しおみ しょう） 第5話

関西大学非常勤講師。博士（社会学）。論文に「現代日本の『鉄道愛好』に関する社会学的研究――『文明』の追求から『文化』の探求への変容」（博士論文，2018年）など。

丹羽 結花（にわ ゆか） 第6話

同志社大学嘱託講師，特定非営利活動法人京町家再生研究会理事。修士（人間・環境学）。論文に「京都の町家におけるコミュニケーション――招かれざる訪問者」（『デザイン理論』45号，19-32頁，2004年）など。

足立 重和（あだち しげかず） 第7話

追手門学院大学社会学部教授。博士（社会学）。著書に『郡上八幡 伝統を生きる――地域社会の語りとリアリティ』（新曜社，2010年），『コロナ時代の仕事・家族・コミュニティ――兵庫県民の声からみるウィズ／ポストコロナ社会の展望』（共編著，ミネルヴァ書房，2022年）など。

［編　者］

圓田 浩二（まるた こうじ）　第3話，あとがき

沖縄大学経法商学部教授。博士（社会学）。著書に『ポケモン GO の社会学――フィールドワーク×観光×デジタル空間』（関西学院大学出版会，2022 年），『ダイビングのエスノグラフィー――沖縄の観光開発と自然保護』（青弓社，2022 年）など。

池田 太臣（いけだ たいしん）　序文

甲南女子大学人間科学部教授。博士（学術）。著書に『ホッブズから「支配の社会学」へ――ホッブズ，ウェーバー，パーソンズにおける秩序の理論』（世界思想社，2009 年），『巨大ロボットの社会学――戦後日本が生んだ想像力のゆくえ』（共編著，法律文化社，2019 年）など。

［執筆者］

野中 亮（のなか りょう）　第1話

筑紫女学園大学現代社会学部准教授。修士（文学）。著書に『映画は社会学する』（分担執筆，法律文化社，2016 年），『無印都市の社会学』（分担執筆，法律文化社，2013 年）など。

秦 美香子（はた みかこ）　第2話

花園大学文学部教授。博士（学術）。著書に『多元化するゲーム文化と社会』（共編著，ニューゲームズオーダー，2019 年），『ゆるレポ』（共著，人文書院，2021 年）など。

陳 怡禎（ちん いてい）　第4話

日本大学国際関係学部助教。修士(学際情報学)。著書に『台湾ジャニーズファン研究』(青弓社, 2014 年),『埼玉大学教養学部リベラル・アーツ叢書 14 観客と共創する芸術 II』(共編著，埼玉大学教養学部・人文社会科学研究科，2022 年）など。

ポピュラーカルチャーからはじめるフィールドワーク
――レポート・論文を書く人のために

2022年11月30日　初版第1刷発行
2023年 1 月30日　初版第2刷発行

編　者――圓田 浩二・池田 太臣
発行者――大江 道雅
発行所――株式会社 明石書店

〒101-0021　東京都千代田区外神田6-9-5
電話 03（5818）1171　FAX 03（5818）1174
https://www.akashi.co.jp/

装　幀　　明石書店デザイン室
組　版　　朝日メディアインターナショナル 株式会社
印刷・製本　日経印刷 株式会社
ISBN 978-4-7503-5464-4　© K. Maruta & T. Ikeda 2022, Printed in Japan
（定価はカバーに表示してあります）